mentor Lektüre Durchblick

Der Vorleser

Bernhard Schlink

Inhalt · Hintergrund · Interpretation

Dietmar Schäfer

Mit Info-Klappe!

mentor
Eine Klasse besser.

Willkommen bei »mentor Lektüre Durchblick«!

Sie lesen gerade »**Der Vorleser**« im Deutschunterricht?
Dann finden Sie hier in knapper und verständlicher Form – oft auf besonders übersichtlichen Doppelseiten – genau die Informationen, die Sie jetzt brauchen.
Sie werden sehen: Wenn Sie sich mit diesem Hintergrund den »Vorleser« nochmals vornehmen, steht dem vollen Durchblick nichts im Wege. Denn je mehr Sie schon wissen, desto mehr entdecken Sie selbst im Text – und so macht Deutsch-Lektüre erst richtig Spaß!

Viel Erfolg

wünschen Ihnen
Dietmar Schäfer und der mentor Verlag

Der Autor:
Dietmar Schäfer M.A., Gymnasiallehrer für Deutsch und Katholische Religion an den Berufsbildenden Schulen in Meppen (Niedersachsen); Verfasser zahlreicher Unterrichtsmodelle und Lernhilfen für Deutsch

Alle Zitate nach:
Bernhard Schlink: Der Vorleser. Diogenes Verlag, Zürich 1997 (Taschenbuch)

Wegweiser

Inhalt

Die Thematik in Kürze

Der 1995 erschienene Roman »Der Vorleser« von Bernhard Schlink – inzwischen ein Welterfolg – erzählt von einem Mann, der versucht, die Geschichte seiner schicksalhaften Beziehung zu einer Frau aufzuschreiben, in die er sich als Schüler verliebt hat, ohne sie eigentlich zu kennen.

Der Roman bietet eine reiche Palette inhaltlicher Aspekte. Es sind dies einerseits Themen wie **Erwachsenwerden** und **erste Liebe** und die damit gegebene Prägung des weiteren Beziehungslebens.

Es sind dies andererseits aber auch Themen im **Kontext der deutschen nationalsozialistischen Vergangenheit,** also die Frage nach dem schuldhaft-schuldlosen Verstricktsein in verbrecherische Geschehnisse und Strukturen und damit die Frage nach dem Umgang mit persönlichem Versagen sowie die Frage nach Sinn und Chancen von Verurteilung und Haft. Diese Fragen werden dabei vor allem **aus der Perspektive der Nachgeborenen** aufgeworfen, also derjenigen, die selbst aufgrund ihres Alters nicht unmittelbar Verantwortung für die Ereignisse des Holocaust tragen.

Darüber hinaus wird im Roman mit dem Problemkreis des Analphabetismus das **Phänomen der Lebenslüge** ebenso angesprochen wie die **Bedeutung von Lesen und Schreiben** für die Persönlichkeitsentwicklung eines Menschen. Zudem wird das komplexe Geschehen der zwischenmenschlichen Kommunikation veranschaulicht.

Schließlich erlaubt die bemerkenswert präzise Anlage des Romans mit seiner zwar stilistisch gefeilten, aber dennoch durchgängig verständlichen Sprache einen umfassenden Einblick in die **literarisch-poetischen, vor allem auch erzähltechnischen Strukturen eines Prosawerkes**.

Die Handlung in Kürze

Michael lernt Hanna kennen und lieben. Plötzlich ist sie verschwunden. Jahre später sieht Michael sie wieder. Dabei wird er mit einem Problem konfrontiert, das ihn sein ganzes weiteres Leben beschäftigt: der angemessene Umgang eines Nachgeborenen mit den Tätern der Verbrechen im NS-Deutschland.

Die ungewöhnliche Liebesaffäre

Im Frühjahr des Jahres 1959 trifft der schüchterne Michael Berg auf Hanna Schmitz, sie verführt ihn und es entwickelt sich das *Ritual des Vorlesens, Duschens, Liebens und Beieinanderliegens* (S. 67). Eines Sommertages aber ist Hanna verschwunden, und so endet die ungewöhnliche Beziehung zwischen dem 15-Jährigen und der 36-Jährigen.

Das unverhoffte Wiedersehen

Als Jurastudent beobachtet Michael 1966 einen Prozess zu NS-Verbrechen und sieht Hanna wieder – als Angeklagte. Sie soll als Aufseherin für den Tod vieler KZ-Insassinnen mitverantwortlich sein. Michael spricht nicht mit Hanna, aber er erkennt ihr Geheimnis: Sie ist Analphabetin. Gerade dies wird ihr nun zum Verhängnis; denn um diese Schwäche zu verbergen, wehrt sie sich nicht gegen ungerechtfertigte Anschuldigungen. Also lautet das Urteil: lebenslänglich.

Die unüberwindliche Bindung

In den folgenden Jahren versucht Michael, sein Leben einzurichten, es gelingt nicht. Ehe und Partnerschaften scheitern. Hanna beschäftigt ihn. Er erinnert sich daran, dass er ihr immer vorgelesen hat, und tut es wieder. Er schickt ihr von ihm besprochene Kassetten ins Gefängnis, aber erst unmittelbar vor ihrer Entlassung im Sommer 1984 besucht er sie. Lebend sieht er sie danach nicht wieder …

Die Handlung

Michael Berg reflektiert als Ich-Erzähler aus der Rückschau sein Leben, vor allem seine Beziehung zu Hanna, mit der er als 15-Jähriger seine erste Liebesaffäre hat und die er dann Jahre später als Angeklagte in einem NS-Verbrecher-Prozess wiedersieht. Dabei entdeckt er ihr Geheimnis …

Erster Teil: Die ungewöhnliche Liebesaffäre (S. 5–81)

Der Beginn der Beziehung – Michael ist fasziniert

1 (S. 5–7): Mit 15 Jahren erkrankt Michael Berg – den Namen des Ich-Erzählers erfährt der Leser erst später (vgl. S. 35) – an Gelbsucht: An einem Montag im Oktober muss er sich auf dem Heimweg von der Schule übergeben. Er wird von einer Frau umsorgt und nach Hause begleitet. Ende Februar des nächsten Jahres will sich der gesundende Junge mit einem Blumenstrauß, den er auf Wunsch der Mutter von seinem Taschengeld gekauft hat, bei dieser Frau, die in der Bahnhofstraße wohnt, bedanken.

››› **2 (S. 8–11):** Sehr detailliert beschreibt der Ich-Erzähler das alte herrschaftliche Haus in der Bahnhofstraße und vor allem seine Träume um dieses Haus, das ihn nachhaltig beeindruckt hat, das aber heute, also zum Zeitpunkt des Erzählens, nicht mehr steht. Es wurde durch ein modernes Apartmenthaus ersetzt. ‹‹‹

3 (S. 12–14): An Details seiner ersten Begegnung mit Frau Schmitz – so der Name der Frau, die sich um ihn kümmerte – erinnert sich der Ich-Erzähler zunächst nicht. Sehr genau aber vermag er ihre Wohnung zu beschreiben und ihr Aussehen zu *rekonstruieren* (S. 14).

4 (S. 15–18): Gebannt beobachtet der Junge, wie sich Frau Schmitz anzieht, um mit ihm die Wohnung zu verlassen. Als sie aber seinen

Blick spürt und ihn ansieht, errötet er aus Verlegenheit und flieht aus dem Haus.

››› Aus der Distanz der Erinnerung spekuliert der Ich-Erzähler über die Gründe seiner rätselhaften Faszination von der etwa 36-jährigen Frau, vor allem hätten es ihm ihre *Haltungen und Bewegungen* (S. 17) angetan. ‹‹‹

Der erste sexuelle Kontakt – Michael verändert sich

5 (S. 19–22): Eine Woche nach diesem ersten Besuch Ende Februar kehrt der Junge zum Haus der Frau Schmitz zurück, nachdem er sich bereits – durchaus *mit schlechtem Gewissen* (S. 20) – in seinen *sündigen Gedanken* (S. 21) an diese Frau verloren hat.

››› Der Ich-Erzähler philosophiert darüber, wie Denken, Entscheiden und Handeln zusammenhängen. Er erkennt, *daß das Handeln eine Sache für sich ist und der Entscheidung folgen kann, aber nicht folgen muß* (S. 21f.), und er weiß, dass er in seinem Leben oft gegen seine eigenen Entscheidungen gehandelt hat. ‹‹‹

6 (S. 23–27): Da Frau Schmitz nicht zu Hause ist, wartet der Junge, bis sie von ihrer Arbeit als Straßenbahnschaffnerin zurückkommt. Beim Koksholen beschmutzt er sich und sie drängt darauf, dass er ein Bad nimmt, was er dann auch tut. Als sie ihn abtrocknet, kommt es zum Geschlechtsverkehr.

7 (S. 28–32): Der Junge beschließt, am nächsten Tag wieder – zum ersten Mal nach seiner Erkrankung – zur Schule zu gehen, weil er seine neue *Männlichkeit* (S. 29) zeigen und weil er Gelegenheit haben will, sich mit Frau Schmitz am Mittag zu treffen. Beim Abendbrot teilt er seiner Familie diesen Entschluss mit. Seine Mutter hat Einwände, sein Vater, ein Philosophieprofessor, erlaubt es schließlich. Der Junge spürt, dass er innerlich Abschied von seiner Familie nimmt.

Die Entwicklung der Beziehung – Ein Ritual entsteht

8 (S. 33–37): In den nächsten Tagen – es sind wenige Wochen vor Ostern – lieben sich der Junge und Frau Schmitz wochentags immer in der Mittagszeit, wenn sie von ihrer Schicht kommt und er vor dem Mittagessen die letzte Unterrichtsstunde schwänzt. Sie nimmt dabei von ihm Besitz, erst später gelingt es ihm, *auch von ihr Besitz zu ergreifen* (S. 34). Sie tauschen endlich ihre Namen aus: Sie heißt Hanna Schmitz, er Michael Berg. Als er erwähnt, er werde sitzen bleiben, wirft sie ihn aus dem Bett. Nur wenn er seine Arbeit mache, dürfe er sie in den nächsten Tagen abends besuchen. Michael versteht sie nicht.

9 (S. 38–44): In den nächsten Wochen erreicht Michael die Versetzung in die nächste Klasse. In dieser Zeit kommt es immer wieder zum Geschlechtsverkehr mit Hanna.

››› Der Ich-Erzähler beschreibt sein damaliges Aussehen und sein unzufriedenes Selbstempfinden, was sich durch das Zusammensein mit Hanna positiv verändert habe. Dann philosophiert er angesichts von nicht eingelösten Versprechen über die Traurigkeit. Er erzählt aus der Vergangenheit Hannas, die zum Zeitpunkt der Ereignisse 36 Jahre alt ist. ‹‹‹

Die regelmäßigen Treffen mit Hanna erhalten einen festen Ablauf. Michael muss ihr vor dem Liebesakt aus Schullektüren vorlesen. Ein *Ritual* entwickelt sich: *Vorlesen, duschen, lieben und noch ein bißchen beieinanderliegen* (S. 43).

Spannungen – Michael ist oft ratlos und gibt immer wieder nach

10 (S. 45–50): Der erste Tag der Osterferien bringt ein Missverständnis: Michael fährt morgens um halb fünf mit der Straßenbahn, in der Hanna Dienst hat, nach Schwetzingen, setzt sich in den leeren zweiten Wagen, um mit ihr unbemerkt zusammen sein zu können. Sie aber kommt nicht zu ihm, weil sie glaubt, er wolle nichts von ihr wissen. Er denkt jedoch, sie habe nichts von ihm wissen wollen. Mittags macht Hanna Michael schwere Vorwürfe, er versucht vergeblich, sich zu rechtfertigen, schließlich verlässt er die Wohnung, kehrt aber bald zurück und nimmt alle Schuld auf sich. In den nächsten Wochen kapituliert bei Streitereien immer Michael, um die Beziehung aufrechtzuerhalten. Auf zwei Briefe, die er Hanna über ihre Auseinandersetzungen schreibt, reagiert sie nicht.

11 (S. 51–57): In der Woche nach Ostern fahren Michael und Hanna mit dem Fahrrad vier Tage in den Odenwald. Nur ein Vorfall trübt diese Zeit: Als Michael von einem Frühstückseinkauf zurückkehrt, beschimpft Hanna ihn: »*Wie kannst du einfach so gehen!*« (S. 54) und schlägt ihn mit ihrem Ledergürtel. Dabei hatte Michael ihr, weil sie noch schlief, eine Nachricht geschrieben. Nach dieser Tat weint Hanna völlig aufgelöst und klammert sich an Michael. Schließlich lieben sie sich.

››› Der Ich-Erzähler behauptet, dieser Vorfall habe das Verhältnis zwischen ihm und Hanna inniger werden lassen; ein Gedicht, das er in dieser Zeit verfasst habe, zeuge davon. ‹‹‹

12 (S. 58–62): Die letzte Ferienwoche: Michael ist mit seiner jüngeren Schwester allein zu Hause, während seine Familie Urlaub macht. Um zu erreichen, dass die Schwester bei einer Freundin bleibt, muss er ihr eine Jeans und einen Nicki stehlen. Der Versuch, für Hanna ein seidenes Nachthemd zu entwenden, schlägt fast fehl, aber Michael kann mit dem Diebesgut unentdeckt entkommen. Abends kocht er für Hanna. Die Bücher im Arbeitszimmer von Michaels Vater beeindrucken sie. Schließlich muss Michael ihr aus dem Kant-Buch vorlesen, das sein Vater verfasst hat. Die Nächte verbringen sie bei Hanna, weil sie es so will.

Das Ende der Affäre – Hanna ist plötzlich verschwunden

13 (S. 63–66): Zu Schuljahresbeginn kommt Michael in eine neue Klasse. Er schwärmt für seine Mitschülerin Sophie. Gleichzeitig verbringt er fröhliche Wochen mit Hanna.

14 (S. 67–71): Michael erlebt mit Hanna einen glücklichen Sommer. Er liest ihr aus Tolstois »Krieg und Frieden« vor, sie finden füreinander Kosenamen, er nennt sie *Pferd* (S. 68), was sie nur zögernd akzeptiert, und sie besuchen eine Aufführung von Schillers »Kabale und Liebe«. Michael kommen aber Zweifel an der Beziehung. Er sehnt sich auch nach Kontakten zu seinen Mitschülerinnen und Mitschülern, im Schwimmbad zum Beispiel, insbesondere dann, wenn Hanna übellaunig ist. Andererseits befürchtet er, sie zu verlieren.

15 (S. 72–74): Michael verleugnet Hanna vor seinen Freunden. Auch in einem Gespräch mit Sophie, die spürt, dass ihn etwas belastet, wagt er nicht von Hanna zu reden.

16 (S. 75–78): Michael erfährt kaum etwas über das Leben Hannas. An einem Tag Ende Juli oder Anfang August sehen sich beide zufällig im Schwimmbad, aber sie nehmen keinen Kontakt auf.

17 (S. 79–81): Am nächsten Tag ist Hanna verschwunden. Sie hat ihre Wohnung verlassen und ihre Arbeit aufgegeben. Michaels Versuche, sie zu finden, bleiben ohne Erfolg. Es geht ihm körperlich schlecht, vor allem plagen ihn Schuldgefühle.

Zweiter Teil: Das unverhoffte Wiedersehen (S. 83–157)

1 (S. 83–85): Nachdem Hanna die Stadt verlassen hat, gewinnt Michael nach und nach Abstand: Hanna wird zu einer Erinnerung.

››› Der Ich-Erzähler teilt mit, dass er nach dem Abitur ein Jurastudium aufgenommen hat, und berichtet von Freundschaften und

Affären. Er tut dies zunächst in dem Bewusstsein, eine unbeschwerte Zeit verbracht zu haben. Rückblickend aber weiß er, dass er sich nach der Beziehung zu Hanna zunehmend zu einem arroganten und unnahbaren Menschen entwickelt hat: *Ich gewöhnte mir ein großspuriges, überlegenes Gehabe an, ich präsentierte mich als einen, den nichts berührt, erschüttert, verwirrt* (S. 84). «

Der Jurastudent Michael und die NS-Problematik – Michael begegnet Hanna vor Gericht wortlos wieder

2 (S. 86–89): Michael sieht Hanna während eines KZ-Prozesses wieder, an dem er als studentischer Beobachter teilnimmt. Michael fühlt in sich – wie seine Mitstudenten auch – einen aufklärerischen und anklägerischen Auftrag, der die Elterngeneration zur Scham wegen der NS-Verbrechen verurteilt.

3 (S. 90–94): Der Prozess beginnt an einem Montag. Am darauf folgenden Donnerstag wird Hanna zu ihrer Person vernommen. Michael erfährt, dass sie am 21. Oktober 1922 in der Nähe von Hermannstadt geboren wurde, im Herbst 1943 freiwillig zur SS ging und bis zum Frühjahr 1944 in Auschwitz und bis zum Winter 1944/45 in einem Lager bei Krakau als Aufseherin gearbeitet hat. Bei Kriegsende floh sie bis Kassel, lebte danach in verschiedenen Städten, davon acht Jahre in Michaels Heimatstadt.

» Der Ich-Erzähler weiß, dass er damals froh war, dass Hanna in Untersuchungshaft bleiben musste, sodass er ihr nicht privat begegnen konnte. «

4 (S. 95–100): Michael verfolgt jeden Prozesstag. Nur einmal blickt Hanna ins Publikum und zu ihm, erkennt ihn aber wohl nicht. Michael beobachtet Hanna genau, aber er empfindet nichts, er ist distanziert-emotionslos und fühlt sich wie betäubt.

››› Der Ich-Erzähler philosophiert über dieses Betäubtsein sowohl der Täter als auch der Opfer sowie aller Prozessbeteiligten. Am Ende fragt er sich, ob sie wirklich alle nur in Schuld und Scham verstummen sollten. ‹‹‹

Hanna als Angeklagte – Ist Hanna wirklich schuldig?

5 (S. 101–103): In der zweiten Prozesswoche wird die Anklageschrift verlesen. Hanna wird vorgeworfen, in einem Lager, das als eine Außenstelle von Auschwitz zu einer Munitionsfabrik in der Nähe von Krakau gehörte, Frauen zum Rücktransport nach Auschwitz selektiert und während eines Bombardements mit vier anderen Aufseherinnen die Türen einer brennenden Kirche nicht aufgeschlossen zu haben, sodass die in der Kirche eingesperrten KZ-Insassinnen verbrannten.

6 (S. 104–108): Die Verhandlung verläuft für Hanna ungünstig. Sie zeigt kein Gespür für die Situation und erscheint rechthaberisch, gleichzeitig aber auch naiv ehrlich und bedauernswert, als sie zugibt, sich aus Pflichtbewusstsein an den Selektionen, die für die Frauen den sicheren Tod bedeuteten, beteiligt zu haben. Hilflos fragt sie den Richter, was er denn in ihrer Lage getan hätte.

7 (S. 109–113): Im Prozessverlauf wird Hanna aufgrund ihrer Zugeständnisse von den anderen Angeklagten und ihren Anwälten zur Einzeltäterin gemacht. Es kommt auch heraus, dass Hanna sich im Lager abends von besonders schwachen jungen Frauen vorlesen ließ, die dafür nicht arbeiten mussten und besonders verpflegt wurden, bis auch sie zum Rücktransport nach Auschwitz bestimmt wurden. In dieser Phase bemerkt Michael nach einem Blick Hannas, dass diese die ganze Zeit weiß, dass er anwesend ist. Sofort fühlt er mit Hanna und sucht Entschuldigungsgründe für ihr Verhalten als KZ-Aufseherin.

››› **8 (S. 114–118):** Der Ich-Erzähler berichtet von dem Buch einer überlebenden KZ-Insassin über ihre und ihrer Mutter Lager-

und Fluchterlebnisse, auf die sich die Anklage im Wesentlichen stützt. «

Hannas „falsches" Zeugnis – Michael entdeckt Hannas Analphabetismus und weiß nicht, was er tun soll

9 (S. 119–124): Im Prozess geht es um die Frage, warum die brennende Kirche nicht aufgeschlossen wurde. Die Anklage stützt sich auf einen SS-Bericht, nach dem die Aufseherinnen hätten helfen können. Eine der Angeklagten bezichtigt Hanna, den Bericht gefälscht zu haben. Hanna rechtfertigt sich mit der ausweglosen Situation und belastet sich insofern, als sie eine Ordnung verteidigt, die man – aus der distanzierten Sicht heraus – nicht hätte verteidigen dürfen, was Hanna selbst auch spürt. Als ein Sachverständiger Hannas Handschrift mit der des Berichtes vergleichen soll, gibt sie zu, diesen verfasst zu haben.

10 (S. 125–129): An den Sonntagen während des Prozesses unternimmt Michael Ausflüge in die Natur; auf einem solchen entdeckt er Hannas Geheimnis: ihren Analphabetismus. Er versteht sie nicht. Er fragt sich: *Aus Angst vor der Bloßstellung als Analphabetin das Verbrechen?* (S. 127) Michael fühlt sich selbst schuldig …

11 (S. 130–133): Michael empfindet sich als *Mitspieler und Mitentscheider* (S. 131) in dem Prozess, der für Hanna immer ungünstiger verläuft. Er stellt sich die Frage, ob er Hannas Analphabetentum dem Gericht mitteilen soll, wenn sie es schon nicht selbst tut.

12 (S. 134–139): Unschlüssig sucht Michael bei seinem Vater Rat. Dieser verweist ihn ebenso auf die Würde und die Freiheit jedes Erwachsenen wie auf die Pflicht, mit jemandem, der sich vermeintlich ungeschickt oder falsch verhält, das direkte Gespräch suchen zu müssen.

» Der Ich-Erzähler erinnert sich – teilweise verständnisvoll – an seinen inzwischen verstorbenen Vater. «

KZ-Besuche – Michael macht sich ein eigenes Bild von den NS-Verbrechen

13 (S. 140–143): Während das Gericht zu Vernehmungen im Juni zwei Wochen nach Israel fliegt, plagen Michael weiter Zweifel. Er denkt in Bildern von Hanna, in solchen, die sie als Aufseherin zeigen, und in solchen aus seinem Leben mit ihr.

››› Der Ich-Erzähler stellt fest, wie wenig Bilder von NS-Verbrechen es zur Zeit des Prozesses gab, ganz im Unterschied zu der Zeit direkt nach dem Krieg. Erst seit den 80er Jahren gebe es wieder Bücher und auch Filme. ‹‹‹

14 (S. 144–147): Michael trampt zum Konzentrationslager Struthof-Natzweiler im Elsass. Mit einem Mercedes-Fahrer kommt er ins Gespräch über die Schuld der KZ-Aufseher. Als Michael den Fahrer als NS-Täter entlarvt, muss er den Wagen verlassen.

››› **15 (S. 148–152):** Der Ich-Erzähler ist *unlängst* (S. 148) im Winter nochmals auf dem Struthof gewesen. Er erzählt von diesem Besuch, bei dem er sich an seinen ersten Besuch während der Prozesspause, als das Lager nicht wie jetzt geschlossen war, erinnert. Er war damals in der ausweglosen Situation, Hanna gleichzeitig verstehen und verurteilen zu wollen. ‹‹‹

16 (S. 153–155): In einem Gespräch mit dem Richter, der den Prozess leitet, gibt Michael Hannas Geheimnis schließlich doch nicht preis. Er fühlt sich aber wieder von allem betäubt.

Das Urteil – Hanna muss lebenslänglich in Haft

17 (S. 156 f.): Ende Juni wird das Urteil gesprochen: Hanna bekommt lebenslänglich, die anderen Angeklagten erhalten *zeitliche Freiheitsstrafen* (S. 156). *Hanna hörte stehend zu, in gerader Haltung und ohne jede Bewegung* (S. 157). Sie wirkt auf Michael hochmütig, verletzt und müde.

Dritter Teil: Die unüberwindliche Bindung (S. 159–207)

Die nächsten Jahre – Michael gestaltet sein Leben

1 (S. 159–163): Der Sommer nach dem Prozess: Michael zieht zu Hause aus, nimmt sich ein Zimmer, meidet alle Kontakte, studiert. Weihnachten verbringt er mit einer Studentengruppe auf einer Skihütte in Österreich, bewusst fährt er waghalsig Ski. Schließlich bekommt er Fieber, wohl aufgrund einer Lungenentzündung. Nach einem Krankenhausaufenthalt lässt zwar seine innere Betäubung nach, aber seine Zweifel plagen ihn wieder. Die Studentenunruhen erlebt Michael als Referendar. Er fühlt sich betroffen und ratlos.

››› Der Ich-Erzähler denkt darüber nach, dass er als derjenige, der Hanna geliebt hat, schuldig geworden ist. Statt wie bisher die Elterngeneration wegen der NS-Verbrechen anzuklagen, sucht er die Schuld nun bei sich selbst. Er erkennt, *daß mein Leiden an meiner Liebe zu Hanna in gewisser Weise das Schicksal meiner Generation, das deutsche Schicksal war* (S. 163). ‹‹‹

2 (S. 164–166): Als Referendar heiratet Michael Gertrud, lässt sich von ihr aber – als ihre gemeinsame Tochter Julia fünf Jahre ist – wieder scheiden.

››› Den Ich-Erzähler belastet das Gefühl, seiner Tochter die ihr zustehende Geborgenheit nicht gegeben zu haben. ‹‹‹

Seinen späteren Freundinnen erzählt Michael – anders als Gertrud – von Hanna, aber sie interessieren sich nicht für sie.

3 (S. 167–170): Auf der Beerdigung seines Jura-Professors begegnet Michael, der gerade an seiner zweiten Examensarbeit schreibt, einem ehemaligen Mitstudenten und erfährt, dass damals während des Prozesses alle über seine Beziehung zu der Angeklagten Hanna Schmitz gerätselt hätten. Auch jetzt gibt Michael keine Auskunft über die Art dieses Verhältnisses. Er »flieht« mit der Straßenbahn.

4 (S. 171–173): Nach dem Referendariat kümmert sich Michael um Julia. Gertrud wird Richterin. Als Julia in den Kindergarten kommt, entscheidet sich Michael für eine Stelle als Rechtshistoriker an der Universität und später an einer Forschungseinrichtung. Ein Schwerpunkt seiner Arbeit ist das Recht im Dritten Reich.

››› Der Ich-Erzähler philosophiert über die Geschichte des Rechts. Er glaubt nicht mehr an *eine Entwicklung zu mehr Schönheit und Wahrheit, Rationalität und Humanität* (S. 173). ‹‹‹

Die neue Beziehung zu Hanna – Michael wahrt Distanz

5 (S. 174–176): Nach seiner Trennung von Gertrud spricht Michael literarische Werke auf Kassetten, um sie Hanna ins Gefängnis zu schicken. Er tut dies vom 8. bis zum 18. Jahr ihrer Haft, in dem sie begnadigt wird. Er liest ihr bildungsbürgerliche Autoren sowie selbst Verfasstes vor. Während dieser Zeit beschränkt er sich ganz auf dieses Vorlesen, es entwickelt sich kein persönlicher Kontakt zu Hanna.

6 (S. 177–180): Im vierten Jahr seines Vorlesens erhält Michael von Hanna erstmals kleine schriftliche Grüße. Er ist stolz, dass sie Lesen und Schreiben lernt, aber auch traurig darüber, dass sie dies zu spät tut.

7 (S. 181–183): Die Leiterin des Gefängnisses, in dem Hanna einsitzt, bittet Michael in einem Brief um Unterstützung für Hanna nach ihrer Haftentlassung. Michael fühlt sich unwohl, zwar besorgt er für Hanna eine Wohnung und eine Arbeit als Schneiderin, aber vor einem Besuch drückt er sich, bis ein Anruf der Leiterin ihm Hannas Entlassung binnen Wochenfrist ankündigt.

Inhalt

Das erste und das letzte Wiedersehen – Hanna stirbt

8 (S. 184–188): Am folgenden Sonntag trifft Michael im Gefängnisgarten auf die gealterte Hanna. Sie gesteht, dass die Toten von ihr Rechenschaft verlangten, im Gefängnis könne sie sie auch nicht mehr wie früher verscheuchen. Schon nach kurzer Zeit verlässt Michael Hanna, aber er verspricht, sie abzuholen.

9 (S. 189–191): In den Tagen vor Hannas Entlassung gerät Michael in Hektik. Er arbeitet unkonzentriert und richtet Hannas neue Wohnung ein. Er telefoniert mit Hanna und ärgert sich über sie, weil sie ihm seine Geschäftigkeit vorhält.

10 (S. 192–198): Am nächsten Morgen ist Hanna tot. Sie hat sich bei Tagesanbruch erhängt. Zusammen mit der Anstaltsleiterin besucht Michael Hannas Zelle. Er entdeckt, dass sie sich über KZs gründlich informiert hat, und erfährt, dass Hanna sich das Lesen mithilfe seiner Kassetten beigebracht hat und dass sie sich vor Jahren freiwillig isolierte, indem sie nicht mehr auf ihr Äußeres achtete. Michael nimmt Abschied von der Toten.

Hannas Nachlass – Michael besucht die KZ-Insassin

11 (S. 199–204): Im Herbst erledigt Michael Hannas letzten Auftrag, nämlich ihr Vermögen – 7000 DM und ein kleinerer Betrag in einer Teedose – der Frau, die das Buch über das KZ-Leben geschrieben hat, zu überbringen. Michael besucht sie in New York während einer Tagung, die ihn nach Boston führt. Zunächst ist sie sehr reserviert und verweigert Hanna die Absolution, die sie mit der Annahme des Geldes verbunden sieht. Sie einigen sich, indem sie ausmachen, dass Michael den Betrag einer jüdischen Vereinigung gegen den Analphabetismus überweist.

Das Schreiben – Michael verarbeitet sein Leben mit Hanna

››› **12 (S. 205–207):** Das zuletzt erzählte Geschehen liegt zehn Jahre zurück. Der Ich-Erzähler verrät, dass er schon bald nach Hannas Tod den Entschluss fasste, ihre Geschichte aufzuschreiben. Er hat viele Versionen im Kopf formuliert, glaubt aber, dass die geschriebene Fassung die richtige ist, die er erst verfassen konnte, als er seine Erlebnisse weder loswerden noch zurückholen wollte. ‹‹‹

Nur einmal besuchte Michael Hannas Grab, gleich nachdem er den Beleg der Jewish League Against Illiteracy darüber erhalten hatte, dass das Geld aus Hannas Nachlass eingegangen ist.

Hintergrund

Vom Überblick zum Durchblick

Während der Lektüre des zweiten Teils des Schlink-Romans »Der Vorleser« werden Sie überrascht, vielleicht auch enttäuscht gewesen sein. Denn die doch recht unterhaltende unkonventionelle Liebesbeziehung zwischen Michael und Hanna mit ihren durchaus direkt geschilderten sexuellen Höhepunkten wird abgelöst von der ein wenig reflexionslastigen Entfaltung einer äußerst ernsten und heiklen Schuldproblematik vor dem Hintergrund des Holocaust.

Angesichts dieses atmosphärischen und thematischen Umschwungs in der Handlung, der den Roman so markant charakterisiert, verwundert es wohl, dass »Der Vorleser« rasch zum Welt-Bestseller und zur fest etablierten Schullektüre wurde.

Was also steckt hinter diesem Erfolg? Diese Frage kann unter verschiedensten Aspekten gestellt werden.

Im folgenden Teil **»Hintergrund«** werden Sie Antworten finden. Außerdem werden Ihnen Hinweise zur Sekundärliteratur sowie Wort- und Sacherklärungen angeboten.

Von der Textanalyse zur Textproduktion

Im sich anschließenden Teil **»Interpretation«** werden ausführlichere Analysen gegeben, die zum Verständnis des Romans wichtige Beiträge leisten, bevor dann zum Schluss Aufgaben mit Lösungstipps formuliert werden, die Ihnen die Vorbereitung auf den Unterricht – insbesondere auf Klausuren – erleichtern können.

Der Autor

Bernhard Schlink
geboren am 6. Juli 1944
in der Nähe von Bielefeld

Bernhard Schlink wächst in Mannheim und Heidelberg auf. Mit acht Jahren schreibt er nach einem Streit mit seinem Bruder das Drama »Der Brudermord« und mit 13 Jahren verfasst er *über seine erste unglückliche Liebe ein Sonett mit zu vielen Strophen, dazwischen und danach alles mögliche.*[1]

Nach dem Abitur studiert er in Heidelberg und Berlin Rechtswissenschaften. Sein eigentlicher Studienwunsch ist Geschichte und Soziologie, dieses Studium wird ihm aber vom Vater, einem Theologieprofessor, verboten.

> *»Wer Freude an Sprache hat, wer weiß, dass alles auch ganz anders sein kann, wer Positivismus und Zweifel verbindet, wer Fantasie hat und mathematisch denken kann, der hat auch Spaß an der Juristerei«, sagt er [Bernhard Schlink] fast euphorisch.*[2]

Nach dem Studium hält sich Schlink in Kalifornien auf. Er forscht dort an der Entwicklung von Computerprogrammen für die Rechtsprechung und über die automatische Entscheidung von Rechtsfäl-

1 Kampa, Daniel / Kälin, Armin C. (Hrsg.): Diogenes Autoren Album. Zürich 1996, S. 276.
2 Kahlweit (s. u. S. 62).

len. Schlink wird dann wissenschaftlicher Assistent an den Universitäten Heidelberg, Darmstadt, Bielefeld und Freiburg. 1975 legt Schlink seine Dissertation zur »Abwägung im Verfassungsrecht« vor. Sechs Jahre später erlangt er mit einer Arbeit über »Die Amtshilfe« die Lehrberechtigung für Universität und Hochschule (Habilitation).

Schlink wird zunächst Professor für Verfassungs- und Verwaltungsrecht an der Universität Bonn. Seit 1990 ist er Jura-Professor an der Berliner Humboldt-Universität. Außerdem ist er seit 1988 Richter am Verfassungsgerichtshof des Landes Nordrhein-Westfalen in Münster. 1993 und 1997/98 lehrt er als Gastprofessor an der Yeshiva-University in New York.

Zu diesen Aufgaben kommen schriftstellerische Tätigkeiten hinzu. Schlink ist als Verfasser von Aufsätzen und Neubearbeitungen alter juristischer Fachbücher und als Mitherausgeber eines Standardkommentars zu den »Grundrechten« wissenschaftlicher Fachautor.

Aber Schlink ist auch Romanschriftsteller. 1987 erscheint sein erster Kriminalroman, 1988 und 1992 folgen zwei weitere. Schlink scheint damit an eine Familientradition anzuschließen, denn schon eine Tante, von Beruf eigentlich Krankenschwester, schrieb den Erfolgstitel »Notfall um Mitternacht« für die von seinem Großvater in Basel herausgegebenen »Romane zur Freude und Unterhaltung«. Mit dem Roman »Der Vorleser« aus dem Jahr 1995 wird Schlink einem breiten internationalen Publikum bekannt.

Auf die Frage nach dem Motiv für seine doppelte Tätigkeit als Jurist und als Schriftsteller sagt Bernhard Schlink:

» *… vielleicht weil die Wahrheit des Rechts ebenso in Worten und Sätzen liegt wie die Wahrheit von Geschichten und weil die Dinge hier wie dort zu ihrem Ende gebracht werden müssen.*[1]

1 Kampa / Kälin, a.a.O., S. 276.

Das Gesamtwerk

Als Schriftsteller ist Bernhard Schlink eine ungewöhnliche Persönlichkeit. Nachdem er als Jurist, der als Professor in Lehre und Forschung wissenschaftlich und als Verfassungsrichter praktisch tätig ist, seine berufliche Karriere gefestigt hat, widmet sich Schlink auch von einer anderen Seite her dem Phänomen des Verbrechens, indem er – inzwischen älter als 40 Jahre – zunächst als Kriminalschriftsteller im Literaturbetrieb in Erscheinung tritt.

Hintergrund

1987 **Selbs Justiz. Zusammen mit Walter Popp. Roman**

Der 68-jährige Privatdetektiv Gerhard Selb erhält von den Rheinischen Chemiewerken den Auftrag, einem Hacker auf die Schliche zu kommen, der sich auf bedrohliche Weise Zugang zum Computersystem des Konzerns verschafft. Im Zuge der Ermittlungen wird Selb mit seiner NS-Vergangenheit konfrontiert. Als junger promovierter Staatsanwalt verwickelte er sich einst in zwei Morde…

1988 **Die gordische Schleife. Roman**

Der ehemalige Karlsruher Anwalt Georg Polger lebt nun als freier Übersetzer in Südfrankreich. Sein beschauliches Leben gewinnt an Dramatik, als er auf mysteriöse Weise zum Inhaber eines Übersetzungsbüros wird, das vor allem mit Konstruktionsplänen für Kampfhubschrauber beschäftigt ist…

Der Krimi erhält 1989 den Preis »Glauser«.[1]

1992 **Selbs Betrug. Roman**

Der Leser begegnet wieder dem in Mannheim lebenden Privatdetektiv Gerhard Selb, der auch in seinen neuen Ermittlungen auf seine Vergangenheit als Staatsanwalt

1 Der Preis wird von der Vereinigung deutschsprachiger Krimiautoren mit dem bezeichnenden Namen „Syndikat" verliehen.

im Dritten Reich gestoßen wird, eigentlich aber gerät er in die Terrorismus-Wirren des Deutschen Herbstes 1977 …

Der Roman wird 1991 unter dem Titel »Der Tod kam als Freund« im Auftrag des ZDF verfilmt. 1993 erhält der Roman den „Deutschen Krimi Preis" des Bochumer Krimi-Archivs.

1995 **Der Vorleser. Roman**

Bereits im Januar 1996 nimmt der bekannte Rezitator Gert Westphal eine Hörfassung des Romans auf. Die Filmrechte an dem Roman sichert sich 1999 die Hollywood-Filmfabrik Miramax (Regie: Anthony Minghella).

Der in mehr als 35 Sprachen übersetzte Roman wird mit verschiedenen bedeutenden deutschen und internationalen Preisen ausgezeichnet. In seiner Rede zur Verleihung des Hans-Fallada-Preises der Stadt Neumünster am 16. Januar 1998 legt Schlink u. a. seine Überlegungen zur literarischen Auseinandersetzung mit der NS-Vergangenheit dar.

2000 **Liebesfluchten. Geschichten**

Die sieben Erzählungen handeln von problematischen Liebesbeziehungen vor dem Hintergrund auch der jüngeren deutschen Geschichte.

2001 **Selbs Mord. Roman**

Die Recherchen in seinem letzten Ermittlungsfall führen den alternden Privatdetektiv Gerhard Selb zunächst wieder in die deutsche Vergangenheit. Im Zuge seiner Nachforschungen in der Finanzwelt aber ergeben sich überraschende Verbindungen zur jüngsten deutsch-deutschen Geschichte …

Der Aufbau des Textes

Der Aufbau des Romans zeigt die unauffällige gestalterische Präzision, mit der Bernhard Schlink sein Werk angelegt hat. Aufgrund der im Text verstreuten Zeitangaben lässt sich eine exakte Chronologie des Geschehens rekonstruieren (s.u. S. 30f.). Jedem der drei Teile des Romans sind dabei klar umgrenzte Zeiträume zugewiesen. Diese Teile spiegeln insgesamt die mit Schuldgefühlen beladene, unüberwindliche Bindung Michael Bergs an Hanna Schmitz wider, die sich von intensiver körperlicher Nähe über eine deutliche Distanzierung zu einer distanzierten Nähe entwickelt.

Herbst/Winter 1994/95

Michael Berg erinnert sich schreibend an sein Leben mit Hanna Schmitz

Erster Teil	Zweiter Teil	Dritter Teil	
ein Montag im Oktober 1958 Februar bis Ende Juli/ Anfang August 1959	Frühjahr bis Ende Juni 1966	Ende Juni 1966 bis Sommer 1984	Herbst 1984 bis Winter 1994/95
Michaels Affäre mit Hanna	**Der Prozess gegen Hanna**	**Hannas Haftzeit**	**Nach Hannas Tod**

Michaels Schuldbewusstsein

Michael: *Ich hatte das Gefühl, sie könne, was sie mir war, nur in der realen Distanz sein.* (S. 183)
(vgl. auch S. 20f., 80, 83, 129, 162f., 205f.)

Michael Bergs Beziehung zu Hanna Schmitz

körperliche Nähe

Michaels begehrliche Blicke und sündige Gedanken (vgl. S.20f.).

Der erste Geschlechtsverkehr (vgl. S.25–27)

Das *Ritual des Vorlesens, Duschens, Liebens und Beieinanderliegens* (S.51)

Michael: *ich erkenne […], wie nah wir einander […] waren* (S.57).

Missverständnisse und Streit (vgl. S.47ff., 54ff.)

Michael verleugnet Hanna (vgl. S.72)

Michael: *Wir hatten keine gemeinsame Lebenswelt* (S.75).

Hannas plötzliches Verschwinden (vgl. S.79)

Hanna wird zu einer Erinnerung (vgl. S.83,93).

Michael fühlt nichts mehr für Hanna (vgl. S.91, 96).

Michael: Hanna *in der Zelle [ist], raus aus meiner Welt, raus aus meinem Leben* (S.93).

absolute Distanz

Michael will *Hannas Verbrechen zugleich verstehen und verurteilen* (S.151).

Michael: *Ich konnte Hanna nicht lassen, wie sie war oder sein wollte. Ich mußte an ihr rummachen* (S.153).

distanzierte Nähe

Michael: *Ich habe meinen Frieden mit ihr gemacht* (S.206).

Michael erfüllt Hannas letzten Willen (vgl. S.199–204).

Die Sehnsucht nach Hanna wurde so stark, daß sie weh tat (S.200).

Michael: *Ich hatte Hanna eine kleine Nische zugebilligt, […], aber keinen Platz in meinem Leben* (S.187).

Michael *liest für Hanna auf Kassetten* (S.174).

Die Zeit des *wortreichen, wortkargen Kontakts* (S.177)

Michael: *Ich wollte von Hanna frei sein. Aber […]* (S.165).

Hintergrund

Die literarische Gattung

»Der Vorleser« ist ein Roman, der sich verschiedenen traditionellen Formen dieser literarischen Gattung zurechnen lässt.

Das Werk ist ein **biografischer Roman**, der die (bisherige) Lebensgeschichte des Michael Berg vermittelt. Dieser Michael Berg ist aber nicht nur handelnde Figur, sondern auch die erzählende Instanz, er ist also ein autobiografischer Ich-Erzähler.

Da der Leser einen detaillierten Einblick in das Leben der Titelfigur erhält und am Schicksal der zweiten Hauptfigur Hanna Schmitz teilnimmt, kann »Der Vorleser« durchaus auch als **Entwicklungs- bzw. Bildungsroman** bezeichnet werden.[1] Inhaltlich lässt sich dies mit dem letztlich humanistisch-aufklärerischen Bildungsideal begründen, das sich in der Entwicklung beider Figuren widerspiegelt (s. u. S. 45 ff.). Formal ist in diesem Kontext zunächst auf die Ich-Erzählform und vor allem auf das chronologisch fortschreitende Zeitgefüge zu verweisen, das sich in dem dreigliedrigen Aufbau des Romans mit den aufsteigenden Entwicklungsphasen Jugend, Orientierungssuche und relative Konsolidierung des Lebens zeigt.

Wenn man mithilfe der im Text verstreuten Zeitangaben die Biografien Michaels und Hannas zusammenstellt, wird diese doch eher traditionelle Romananlage deutlich (s. u. S. 28 f.). Mit dieser chronologischen Grundstruktur seines Textes sowie mit dem Kunstgriff, letztlich reale Handlungsorte zu wählen (s. u. S. 27), erreicht Schlink zudem eine gewisse Realitätsnähe und Authentizität des Geschehens, was wiederum an eine Erzähltradition erinnert, die u. a. mit Namen wie Theodor Fontane, Thomas Mann und Siegfried Lenz verbunden ist. Natürlich ist der Roman insofern auch als **Gesellschaftsroman** zu bezeichnen, als er sich differenziert und kritisch dem Umgang der Deutschen mit ihrer NS-Vergangenheit widmet (s. u. S. 32).

1 vgl. Schweikle, Günther u. Irmgard (Hrsg.): Metzler-Literatur-Lexikon: Stichwörter zur Weltliteratur. Stuttgart 1984. S. 53, 119 f.

Hintergrund

Die Schauplätze

Die jeweiligen **Schauplätze der Handlung** lassen sich anhand der zahlreichen im Roman verstreuten topographischen Bezeichnungen genau bestimmen. Während einige Orte präzise benannt sind, wird auf andere nur gleichsam verschlüsselt verwiesen. Dies gilt insbesondere für Michaels Heimatstadt (S. 8 f.).

Die Stadt, in der Michael Berg lebt, liegt in der **Rheinebene** (vgl. S. 53, 135), und zwar **in der Nähe des Odenwaldes** (vgl. S. 53), wie sich aus den Angaben *Wimpfen, Amorbach und Miltenberg* (S. 51, 54) ergibt. Als Orte in der Umgebung werden *Eppelheim* und *Schwetzingen* (S. 45 f.) sowie *Kirchheim* (S. 79) genannt. Als Straßennamen begegnen *Blumenstraße* (S. 5, 16), *Bahnhofstraße* (S. 5, 8, 16, 34), *Häusserstraße* (S. 16) und *Wilhelmsplatz* (S. 79) sowie *Philosophenweg* (S. 125). Weitere markante Punkte sind der *Heiligenberg* (S. 65, 125), die *Heiliggeistkirche* (S. 52), die *Michaelsbasilika* und der *Bismarckturm* (S. 125). Außerdem werden der *Ehrenfriedhof, Molkenkur* und *Nußloch* (S. 29 f.) sowie das *Neuenheimer Feld* (S. 73) und der *Bergfriedhof* (S. 167) angeführt. Alle diese topographischen Hinweise führen in ihrer Gesamtheit in die Stadt **Heidelberg**.[1]

Der Weg in die Stadt, in der der Prozess gegen Hanna Schmitz stattfindet, führt *die Bergstraße entlang* (S. 90) und dauert etwa eine Autostunde. **Frankfurt** könnte dieser Ort sein. Tatsächlich finden zwischen den Jahren 1963 und 1965 sowie 1977 und 1981 vor dem Frankfurter Schwurgericht die sogenannten **Auschwitz-Prozesse** gegen SS-Angehörige statt. Hanna verbüßt ihre Haftstrafe in der Nähe dieser Stadt (vgl. S. 175).

Michael Berg besucht das **Konzentrationslager Struthof-Natzweiler im Elsass**, es liegt hinter Straßburg nahe der kleinen Stadt Schirmeck. Die Fahrt dorthin führt durch die Ausläufer der Vogesen (vgl. S. 144 f., 150).

1 Bernhard Schlink selbst hat in Heidelberg gelebt (s. o. S. 20 f.).

Hintergrund

Die Biografien der Hauptfiguren

Michael Berg

Juli 1943	Geburt (vgl. S. 5, 40, 70, 91)
Ostern 1949	Einschulung (vgl. S. 36, 38)
Frühjahr/Sommer 1959	Affäre mit Hanna
Ostern 1959	Versetzung in die 11. Klasse (vgl. S. 36, 38)
Ostern 1962	Abitur; danach Jurastudium (vgl. S. 84, 194)
Frühjahr bis Ende Juni 1966	Beobachter des Prozesses gegen Hanna (vgl. S. 87, 156)
Juni 1966	Besuch im KZ Struthof (vgl. S. 144)
Sommer 1966	Auszug aus dem Elternhaus (vgl. S. 159)
Weihnachten 1966	Skiurlaub in Österreich (vgl. S. 159 f.)
Sommer 1967	Abschluss des Studiums und Beginn des Referendariats (vgl. S. 160)
etwa 1968/1969	Heirat mit Gertrud und Geburt der Tochter Julia (vgl. S. 164)
1969	Gertrud wird Richterin, Michael wird Rechtsgeschichtler (vgl. S. 171 f.)
etwa 1973/1974	Scheidung von Gertrud (vgl. S. 165)
1973/1974 bis 1984	Lektüre-Aufnahmen für Hanna (vgl. S. 174 f., 179 f., 183)
in dieser Zeit	Amerika-Aufenthalt (vgl. S. 179)
(Sommer) 1984	Vorbereitung von Hannas Leben nach der Haft (vgl. S. 181 ff., 189 ff.)
Sonntag im Sommer 1984	Wiedersehen mit Hanna im Gefängnisgarten (vgl. S. 184–188)
Herbst 1984	Reise nach Boston und New York, dort Besuch einer KZ-Insassin gemäß Hannas letztem Willen (vgl. S. 199)
1984 bis 1995	Versuche, die Geschichte mit Hanna aufzuschreiben (vgl. S. 205 f.)
Winter 1994/1995	Besuch im KZ Struthof (vgl. S. 148, 205)

Hanna Schmitz

21. Oktober 1922	Geburt nahe Hermannstadt (Rumänien) (vgl. S. 70, 91), Kindheit und Jugend in Siebenbürgen (vgl. S. 40)
1939/40	mit 17 Jahren nach Berlin (vgl. S. 40) Arbeit bei Siemens (vgl. S. 91)
Herbst 1943	Eintritt in die SS (vgl. S. 91)
bis Frühjahr 1944	Aufseherin in Auschwitz (vgl. S. 92)
bis Winter 1944/45	Aufseherin nahe Krakau (vgl. S. 92)
bei Kriegsende (Mai 1945)	Aufenthalt in Kassel (vgl. S. 92)
nach dem Krieg	Aufenthalte in verschiedenen Orten (vgl. S. 92) und unterschiedliche Tätigkeiten (vgl. S. 40)
1950 bis 1959	Straßenbahnschaffnerin in Michaels Heimatstadt (vgl. S. 92)
Frühjahr/Sommer 1959	Affäre mit Michael
Ende Juli bzw. Anfang August 1959	spurloses Verschwinden (vgl. S. 76, 79)
Frühjahr 1966	Angeklagte in einem Prozess wegen NS-Verbrechen (vgl. S. 91)
Ende Juni 1966	Verurteilung zu lebenslänglicher Freiheitsstrafe (vgl. S. 156)
1974 bis 1984	unregelmäßiges Eintreffen von Michaels Kassetten (vgl. S. 174f.)
etwa 1978	Überwinden des Analphabetismus: Hanna lernt Lesen und Schreiben (vgl. S. 177)
1984	Annahme eines Gnadengesuchs (vgl. S. 181f.)
Sommer 1984	Selbsttötung am Tag der Haftentlassung (vgl. S. 192)

Die sprachliche Form

Die Sprache des Romans wirkt auf den ersten Blick eher unauffällig und schlicht, sie ist durchgängig verständlich.

Exakter und präziser Stil

In beschreibenden Passagen belegt die Wahl der treffenden Substantive und Adjektive Schlinks Bemühen um detailgenaue Anschaulichkeit. Dabei bedient er sich prinzipiell der Hochsprache, was insbesondere auch die Schilderung des ersten Geschlechtsverkehrs zwischen Hanna und Michael zeigt, die ohne obszöne oder vulgäre Begriffe auskommt und dennoch auf nüchterne Direktheit nicht verzichtet (vgl. S. 25–27).

Emphatischer Stil

Besonders dicht und eindringlich wirken die Passagen, in denen Schlink kurze Hauptsätze (Parataxen) aufeinander folgen lässt und in denen er Substantive und Adjektive auf überraschende Weise kombiniert, um den Aussagen einen metaphorischen Gehalt zu geben (vgl. *Das Haus ist blind. […] Die Welt ist tot*).

Philosophischer Stil

In den Reflexionspassagen bedient sich der Autor häufig der Frage, teilweise auch der rhetorischen Frage (vgl. *das sollte es sein?*), um das Problem aufzuwerfen. In diesen Abschnitten zeigt sich auch ein eher verschachtelter Satzbau (Hypotaxen) mit Kausal-, Konditional-, Konzessiv- und Adversativsätzen (vgl. Konjunktionen wie *weil, auch wenn, aber*), wobei einzelne syntaktische Fügungen symmetrisch wiederholt werden (Parallelismus) und derselbe Wortstamm in verschiedenen Wortarten unmittelbar aufeinanderfolgt (Figura etymologica) (vgl. *begreifen […], was unbegreiflich ist, […] vergleichen, was unvergleichlich ist*). Auch bedient sich Schlink der Alliteration (vgl. *Schuld und Scham*). Diese Strukturen führen dazu, dass die Aussagen den Charakter von Sentenzen, also von einprägsamen Sinnsprüchen, erhalten.

Hintergrund

Schlink setzt jedoch ein breites Spektrum an stilistischen und rhetorischen Mitteln ein. Dafür hier nur drei Belege:

- *Das alte Haus hatte bei gleicher Höhe vier Stockwerke, ein Erdgeschoß aus diamantgeschliffenen Sandsteinquadern und drei Geschosse darüber aus Backsteinmauerwerk mit sandsteinernen Erkern, Balkonen und Fensterfassungen. Zum Erdgeschoß und ins Treppenhaus führten ein paar Stufen, unten breiter und oben schmaler, auf beiden Seiten von Mauern gefaßt, die eiserne Geländer trugen und unten schneckenförmig ausliefen.* (S. 8)

- *Die Gegend ist flach, allenfalls leicht hügelig. Es gibt keine Bäume. Der Tag ist ganz hell, die Sonne scheint, die Luft flimmert, und die Straße glänzt vor Hitze. […] Das Haus ist blind. […] Niemand ist zu sehen, nichts zu hören, nicht einmal ein ferner Motor, ein Wind, ein Vogel. Die Welt ist tot.* (S. 10)

- *Was sollte und soll meine Generation der Nachlebenden eigentlich mit den Informationen über die Furchtbarkeiten der Vernichtung der Juden anfangen? Wir sollen nicht meinen, begreifen zu können, was unbegreiflich ist, dürfen nicht vergleichen, was unvergleichlich ist, dürfen nicht nachfragen, weil der Nachfragende die Furchtbarkeiten, auch wenn er sie nicht in Frage stellt, doch zum Gegenstand der Kommunikation macht und nicht als etwas nimmt, vor dem er nur in Entsetzen, Scham und Schuld verstummen kann. Sollen wir nur in Entsetzen, Scham und Schuld verstummen? Zu welchem Ende? Nicht daß sich der Aufarbeitungs- und Aufklärungseifer […] in der Verhandlung einfach verloren hätte. Aber daß einige wenige verurteilt und bestraft und daß wir, die nachfolgende Generation, in Entsetzen, Scham und Schuld verstummen würden – das sollte es sein?* (S. 99f.)

Der Text in seiner Zeit

»Der Vorleser« ist vor allem **zwei Traditionslinien der erzählenden Literatur nach 1945** verpflichtet:

Michael Berg ist ein Ich-Erzähler, der aus seiner subjektiven Sicht heraus sein bisheriges Leben reflektiert. Damit folgt der Roman einem Ansatz der **Literatur der Neuen Subjektivität bzw. der Neuen Innerlichkeit,** die sich – narrative Konzepte der unmittelbaren Nachkriegszeit aufgreifend – im Laufe der 70er-Jahre durchsetzt. Nachdem der Ansatz einer politisch engagierten Literatur mit der 68er-Bewegung gescheitert ist, wird nun vor allem das Individuum in seiner eigenen kleinen Welt thematisiert. Diese Prosa ist mit Werken verbunden wie »Montauk« (1975) von Max Frisch, »Die erdabgewandte Seite der Geschichte« (1976) von Nicolas Born, »Die Widmung« (1977) von Botho Strauß, »Die Reise« (1977) von Bernward Vesper und »Rom, Blicke« (1979) von Rolf Dieter Brinkmann. Immer wird nach dem autobiografischen Charakter dieser Literatur gefragt. Schlink weist eine solche Vermutung, die sich aufgrund der auffälligen Parallelen zwischen ihm und Michael Berg aufdrängt, als nicht relevant zurück.[1]

Mit der spezifischen Gestaltung von Hannas Schicksal stellt sich Schlink auch der **literarischen Behandlung der Problematik um das Geschehen im NS-Deutschland.** Diesem Thema widmen sich in den ersten Jahrzehnten nach 1945 Autoren wie Alfred Andersch, Heinrich Böll, Siegfried Lenz und Hans Werner Richter. In den 70er- und 80er-Jahren tun dies u. a. Peter Härtling mit »Zwettl. Nachprüfung einer Erinnerung« (1973) und »Nachgetragene Liebe« (1980), Elisabeth Plessen mit »Mitteilung an den Adel« (1976) und Christoph Meckel mit »Suchbild. Über meinen Vater« (1980), die sich in diesen sogenannten »Väter-Romanen« kritisch mit der in die NS-Verbrechen verstrickten Generation befassen.

1 s. o. S. 20 f. und vgl. Wyss (s. u. S. 62), S. 62.

Hintergrund

Die Wirkung

Im März 1999 befindet sich Amerika im »Vorleser«-Fieber: Unter dem Titel »The Reader« führt der Roman die Bestsellerliste der »New York Times« an, nachdem er Ende Februar als erstes europäisches Werk überhaupt in der TV-Kultsendung Oprah's Book Club als Tipp des Monats Februar vorgestellt wurde.

Vor diesem Hintergrund zieht Volker Hage ein Resümee zur Rezeption des Textes:

> *Als »political incorrect« stufte der Autor sein Werk selbst ein. Doch es kam weder zu Protesten noch zu dem vom Autor weit mehr befürchteten Zuspruch von falscher Seite. Die Reaktionen waren im Gegenteil einhellig positiv: […] das Buch wurde von begeisterten Lesern weiterempfohlen – inzwischen ist es sogar Schullektüre.*[1]

Hintergrund

Zwar wurde der Roman von der Literaturkritik insgesamt positiv besprochen, jedoch erhoben sich auch kritische Stimmen in den Rezensionen, die seit September 1995 in der deutschsprachigen Presse publiziert wurden. Als strittig erweisen sich dabei vor allem zwei Aspekte des Romans: einerseits die Behandlung der Schuldproblematik angesichts der NS-Verbrechen und damit die Gestaltung der Figur der Hanna Schmitz, andererseits die erzählerische und sprachliche Qualität des Romans. Im Folgenden seien hierzu stellvertretend einige der unterschiedlichen Aussagen vorgestellt.

Indem er *die vergleichsweise harmlose Schuld eines Nachgeborenen mit der Schuld der Älteren* parallelisiere, spiele Schlink – so Tilman Krause – *auf neuartige Weise das grundlegende Erlebnis* seiner Generation durch: *die Auseinandersetzung mit der deutschen Schuld an Holocaust und Völkermord. Schlinks mutiges Buch* rufe dabei *gerechterweise* zu einer Zurückhaltung im Verurteilen auf. Während Krause weiter aus-

1 Hage (s. u. S. 62), S. 242.

drücklich betont, dass in dem Roman die *»große« historische Schuld […] nicht durch die »kleine« persönliche relativiert* werde,[1] bewertet Peter Michalzik den *positiven Blickwinkel, aus dem Hanna, ein Mensch, den die Zeitungen damals als Monster bezeichnet hätten, beschrieben wird,* als *Provokation.* Hanna werde aufgrund ihres Analphabetismus *zu einer ängstlichen, unbewussten Peinigungen der Umwelt hilflos ausgesetzten Person.*[2] Uwe Wandrey greift diese Einschätzung auf, wenn er schreibt, die Titelfigur werde *von der eigentlichen Hauptfigur des Buches »erschlagen«.*[3]

Michalzik bemängelt weiter die *parabelnde Zeitlosigkeit* des Romans und kritisiert vor allem, dass das Geschehen *dauernd in philosophische Erwägungen* abschweife.[4] Dagegen sorgen nach Rainer Moritz gerade diese *Kommentierungen und Reflexionen für eine Atmosphäre der behutsamen Distanzierung, in der das Gesagte um so vehementer einbricht.* »Der Vorleser« ist für Moritz *ein Roman von bestechender Aufrichtigkeit.* Insbesondere lobt Moritz die Sprache Schlinks, vor allem die *einfachen Sätze […], die ein kaum erträgliches Maß an Erschütterung in sich bergen* und von einer *Resonanzkraft* zeugen, *wie sie allein große Literatur besitzt.*[5]

Ein vernichtendes Urteil dagegen fällt Claus-Ulrich Bielefeld. Zwar konstatiert er, dass mit dem Schicksal Hannas, die um jeden Preis ihren Analphabetismus zu verbergen suche, dem Roman eine *groteske Konstellation* zugrunde liege, die viele Möglichkeiten biete, v*on der Hölle zu erzählen, die aus der Normalität entsteht.* Doch Schlink fände keine Sprache dafür. *Mit enervierender Selbstgewissheit ohne je zu stocken, wird über alles hinwegerzählt.* Schlink sei *ein Sprachoptimist,* der nie befürchte, *dass »das Wort versagt«. So muss er scheitern.*[6]

Vielleicht sind gerade diese unterschiedlichen Einschätzungen ein Indiz für die Qualität des so erfolgreichen Romans.

---

1 Krause 1995 (s. u. S. 62). **2** Michalzik (s. u. S. 62). **3** Wandrey (s. u. S. 62).
4 a. a. O. **5** Moritz (s. u. S. 62). **6** Bielefeld (s. u. S. 62).

Wort- und Sacherklärungen

In diesem Verzeichnis sind nur seltene Begriffe, Fremdwörter und Namen erklärt. Außerdem wird über Zusammenhänge und Anspielungen informiert, die nicht direkt aufzuschlüsseln sind. Die hier nicht aufgeführten Ausdrücke sind in Wörterbüchern und Konversationslexika rasch nachzuschlagen.

Untersekunda **(S. 36)**	früher die 6. Klasse einer höheren Schule, entspricht heute der 10. Klasse
Julien Sorel, Madame de Rênal, Mathilde de la Mole **(S. 40)**	Figuren aus dem Roman »Rot und Schwarz« des frz. Schriftstellers Stendhal (1783–1842)
Felix Krull **(S. 40)**	Held aus dem Roman »Bekenntnisse des Hochstaplers Felix Krull« von Thomas Mann (1875–1955)
Frau von Stein **(S. 40)**	Charlotte von Stein (1742–1827), eine Freundin Johann Wolfgang von Goethes (1749–1832)
Homers Epen **(S. 42)**	die erzählenden Werke »Ilias« und »Odyssee« des Griechen Homer (Ende des 8. Jhs. v. Chr.)
Hemingways Geschichte vom alten Mann **(S. 42)**	das Prosawerk »Der alte Mann und das Meer« des amerik. Schriftstellers Ernest Hemingway (1899–1961)
»Emilia Galotti« **(S. 43, 56)**	Trauerspiel von Gotthold Ephraim Lessing (1729–1781)
»Kabale und Liebe« **(S. 43, 56, 69)**	bürgerliches Trauerspiel von Friedrich Schiller (1759–1805)
»Taugenichts« **(S. 56)**	»Aus dem Leben eines Taugenichts«, ein Prosatext mit märchenhaften Zügen von Joseph Freiherr von Eichendorff (1788–1857) über das wechselvolle Wanderleben eines Müllersohnes, der schließlich glücklich heiratet

Hintergrund

Obersekunda **(S. 63)**	früher die 7. Klasse einer höheren Schule, entspricht heute dem 11. Jahrgang
Nausikaa **(S. 66)**	in Homers »Odyssee« die Tochter des Alkinoos, die den gestrandeten Odysseus aufnimmt
Natascha, Andrej, Pierre **(S. 68)**	Figuren aus dem großen Gesellschaftsroman »Krieg und Frieden« des russ. Dichters Leo Tolstoi (1828–1910)
Pferd **(S. 68f.)**	Anspielung des Autors auf die SS-Leiterin des poln. Konzentrationslagers Majdanek Hermine Braunsteiner, von den Häftlingen »Stute« genannt (vgl. S. 115)
Equinchen **(S. 69)**	Pferdchen, von lat. equus (Pferd)
Bukeffelchen **(S. 69)**	in Anlehnung an Bukephalas, das Lieblingspferd Alexanders des Großen (356–323 v. Chr.)
Nouvelle vague **(S. 76)**	frz. »neue Welle«; Richtung des frz. Films ab Ende der 50er-Jahre, die den traditionellen psychologischen Realismus ablehnt
Wildwestfilm mit Richard Widmark und Dorothy	gemeint ist der amerik. Spielfilm »Warlock« (20th Century Fox 1958, Regie: Edward Dmytryk); dt. Erstaufführung: 15. Mai 1959
obstruktiv **(S. 94)**	hemmend
»Holocaust« **(S. 142)**	mehrteiliger Spielfilm über die Massenvernichtung der Juden im NS-Deutschland (WDR 1978, Regie: Marvin J. Chomsky)
»Sophies Wahl« **(S. 142)**	amerik. Spielfilm (ITC Entertainment 1982, Regie: Alan J. Pakula), in dem ein New Yorker Schriftsteller im Sommer 1947 von den Schuldgefühlen einer Exil-Polin erzählt, die das KZ Auschwitz überlebt hat
»Schindlers Liste« **(S. 142)**	amerik. Kinofilm (Universal 1993, Regie: Steven Spielberg) über den dt. Unternehmer Oskar Schindler, der durch geschicktes Han-

	deln im NS-Deutschland über tausend Juden rettet
Sommer der Studentenbewegung **(S. 160)**	die Ereignisse um die Studentendemonstrationen anlässlich des Berlin-Besuches von Schah Reza Pahlewi von Persien im Juni 1967
Vietkong **(S. 160)**	kommunistische Untergrundbewegung in Südvietnam (vgl. Vietnamkrieg)
Primo Levi **(S. 193)**	ital. Schriftsteller (1919–1987), geprägt durch seine Deportation nach Auschwitz 1944, Selbsttötung
Elie Wiesel **(S. 193)**	amerik. Schriftsteller ungar. Herkunft (* 1928), 1944 in ein KZ deportiert, schreibt über den Holocaust, erhält 1986 den Friedensnobelpreis
Tadeusz Borowski **(S. 193)**	poln. Schriftsteller (1922–1951), schreibt u. a. über seine KZ-Aufenthalte in Auschwitz und Dachau von 1943 bis 1945, Selbsttötung
Jean Améry **(S. 193)**	österr. Schriftsteller (1912–1978), von 1943 bis 1945 im KZ, Selbsttötung
Rudolf Höss **(S. 193)**	SS-Offizier (1900–1947), seit Mai 1940 Lagerkommandant von Auschwitz, wird 1946 verhaftet und an die Polen ausgeliefert, zum Tode verurteilt und hingerichtet, verfasst während der Untersuchungshaft autobiografische Aufzeichnungen
Hannah Arendts Bericht über Eichmann **(S. 193)**	das 1964 veröffentlichte Werk »Eichmann in Jerusalem« der Philosophin, Soziologin und Politologin Hannah Arendt (1906–1975), in dem diese den Prozess gegen den NS-Verbrecher Adolf Eichmann (1906–1962) verarbeitet, der von 1941 bis 1945 die Judendeportationen organisiert, dann nach Argentinien flieht und 1960 von dort nach Israel entführt wird, wo er zum Tode verurteilt und hingerichtet wird

Interpretation

Textanalyse

Ausgehend von einer chronologischen Analyse der im Zentrum stehenden wechselvollen Beziehung Michael Bergs zu Hanna Schmitz können die vielschichtigen Dimensionen des Romans »Der Vorleser« erarbeitet und die Intentionen Bernhard Schlinks erschlossen werden.[1]

1. Michaels unüberwindliche Bindung an Hanna: Zwischen Nähe und Distanz

1.1 Die Entwicklung des jungen Michael Berg

Mit seinen 15 Jahren steckt Michael Berg in der **Pubertät**. Diese ist als physisches sowie psychisches, vor allem aber als ein sexuelles Entwicklungsgeschehen zu verstehen. Insofern erlangt Michaels Begegnung mit Hanna entscheidende Bedeutung. Das zeigt sich an vielen Textpassagen.

Zunächst fällt **Michaels sexuelles Reifen** auf. Seine sexuellen Fantasien und Wünsche werden dabei von Schuldgefühlen begleitet:

» *Ich wachte jeden Morgen mit schlechtem Gewissen auf, manchmal mit feuchter oder fleckiger Schlafanzughose. Die Bilder und Szenen, die ich träumte, waren nicht recht. […] Besonders unrecht war, daß ich die Bilder und Szenen, wenn ich sie nicht passiv träumte, aktiv phantasierte. […] Kehrte sich die moralische Erziehung gewissermaßen gegen sich selbst? […] Ich erfuhr Tag um Tag, daß ich die sündigen Gedanken nicht lassen konnte. Dann wollte ich auch die sündige Tat.* (S. 20 f.)

1 vgl. zu den verschiedenen Interpretationsansätzen auch: Schäfer, Dietmar: Bernhard Schlink, Der Vorleser, in: Reiner, Roland (Hrsg.): Kreative Ideenbörse. Deutsch Sekundarstufe II. Heft 3. Landsberg am Lech 1998.

Typisch ist auch die eigentümliche Mischung von sexueller Erregtheit und gleichzeitiger Verschämtheit. Während Hanna sich ihre Strümpfe anzieht, kann Michael *die Augen nicht von ihr lassen* (S. 15). Als sie dies bemerkt, wird er rot, hält *es nicht mehr aus, stürzte aus der Wohnung, rannte die Treppe hinunter und aus dem Haus* (S. 16). Wenn Michael dann aber über sein Verhalten nachdenkt, *kehrte die Erregung wieder* (S. 18). Das einschneidende Erlebnis ist der erste Geschlechtsakt, der in Michael auch weiteres sexuelles Verlangen nach Hanna auslöst (vgl. S. 28):

> » *Sie legte die Arme um mich, die eine Hand auf meine Brust und die andere auf mein steifes Geschlecht. [...] Ich hatte Angst: vor dem Berühren, vor dem Küssen, davor, daß ich ihr nicht gefallen und nicht genügen würde. Aber als wir uns eine Weile gehalten hatten, [...] wurde alles selbstverständlich. Das Erforschen ihres Körpers mit Händen und Mund, die Begegnung der Münder und schließlich sie über mir, Auge in Auge, bis es mir kam [...].* (S. 26f.)

Auffällig ist weiterhin **Michaels pubertärer Wachstumsschub**. Er selbst nimmt die physische Veränderung an sich wahr, wenn er bemerkt, er habe zu lange Arme und Beine für die Koordination seiner Bewegungen gehabt (vgl. S. 39).

Außerdem ist **Michaels psychisches Reifen** zu erkennen. Nach seinen sexuellen Erlebnissen mit Hanna fühlt er sich *kraftvoll und überlegen* und er will mit seiner neuen *Männlichkeit* (S. 29) auch seinen Lehrern und Mitschülern imponieren. Dies führt zu einem Konflikt mit seinen Eltern. Da er immer noch an den Folgen seiner Gelbsucht leidet, darf er noch nicht wieder zur Schule gehen. Ganz selbstbewusst aber verkündet er: *»Ich gehe morgen wieder zur Schule.«* (S. 30). Er verteidigt seine Entscheidung erfolgreich gegen die Bedenken seiner Mutter. Gleichzeitig spürt er eine gewisse emotionale Zerrissenheit. Einerseits zeigt Michael zu diesem Zeitpunkt Verständnis für seine oft unausstehlichen Geschwister, für seine stets besorgte Mutter und für seinen Vater, den Philosophieprofessor, der sich kaum für seine Familie zu interessieren scheint, und Michael hat *sie alle plötzlich furchtbar lieb* (S. 31). Andererseits:

> *Ich fühlte mich wie bei einem Abschied. Ich war noch da und schon weg. Ich hatte Heimweh nach Mutter und Vater und den Geschwistern, und die Sehnsucht, bei der Frau zu sein.* (S. 32)

Der 15-jährige Michael wird aufgrund seiner ersten sexuellen Erfahrungen mit der 36-jährigen Hanna erwachsen: Er tritt selbstbewusst auf und löst sich von seiner Familie.

1.2 Der Verlauf der Beziehung zwischen dem jungen Michael und Hanna – Gestörte Kommunikation

So glücklich Michael zunächst in dem doch eher vordergründig sexuellen Verhältnis mit Hanna ist, so sehr wird ihm die Beziehung doch auch zunehmend zur Belastung. Dies zeigen deutlich die Streitsituationen zwischen den beiden (vgl. S. 47–50, 54–56). Michael erscheint dabei als der Unterdrückte, während Hanna die dominante Rolle spielt. Michael leidet bewusst an dieser Beziehung, versucht aber gleichzeitig diese auf seine Kosten aufrechtzuerhalten und Zugeständnisse zu machen. **Michael ist also abhängig von Hanna:**

> *Wenn sie drohte, habe ich sofort bedingungslos kapituliert. Ich habe alles auf mich genommen. Ich habe Fehler zugegeben, die ich nicht begangen hatte […]. Wenn sie kalt und hart wurde, bettelte ich darum, daß sie mir wieder gut ist, mir verzeiht, mich liebt. Manchmal empfand ich, als leide sie selbst unter ihrem Erkalten und Erstarren. Als sehne sie sich nach der Wärme meiner Entschuldigungen, Beteuerungen und Beschwörungen. Manchmal dachte ich, sie triumphiert einfach über mich. Aber so oder so hatte ich keine Wahl.* (S. 50)

Es sind in der Regel **Missverständnisse**, die die Streitereien zwischen Hanna und Michael auslösen. Einmal sogar kommt es dazu, dass sie ihn brutal mit ihrem Gürtel schlägt (vgl. S. 54). Michael ist überrascht und ratlos, weil er gewohnt ist, dass man in Konfliktsituationen redet (vgl. S. 55). Mit Hanna ist aber genau dies nicht möglich: *»Fängst du schon wieder an?«* (S. 50) ist ihre Reaktion, als er nach Erklärungen sucht. Die Probleme zwischen Hanna und Michael sind also im Wesentlichen **Kommunikationsprobleme** und die ergeben sich aus Hannas Analphabetismus, von dem Michael aber zu diesem Zeitpunkt noch nichts weiß.

Eher unglaubwürdig erscheint Michaels Feststellung, dass Hanna und er sich damals nahe waren (vgl. S. 57). Tatsächlich leben sich die beiden in diesem Frühjahr auseinander. Es entwickelt sich **aufseiten Michaels eine zunehmende Distanz gegenüber Hanna.** So sieht er sich nach anderen Frauen um, insbesondere nach seiner Mitschülerin Sophie (vgl. S. 63–66), und er ist *voll Groll* (S. 71) gegen Hanna, die er schließlich vor seinen Mitschülern verleugnet:

> *Ich habe mich nicht zu ihr bekannt. Ich weiß, das Verleugnen ist eine unscheinbare Variante des Verrats. [...] Aber der, der sich nicht bekennt, weiß es genau. Und der Beziehung entzieht das Verleugnen ebenso den Boden wie die spektakulären Varianten des Verrats.* (S. 72)

Das Verhältnis mit Hanna stürzt Michael zunehmend in einen inneren Konflikt, der insofern nur vordergründig gelöst erscheint, als Hannas plötzliches Verschwinden Michael von einer aktiven Konfliktlösung zunächst befreit. Bewältigt ist die Beziehung zu Hanna aus Michaels Sicht damit keineswegs. Das zeigt sich dann auch im weiteren Handlungsverlauf.

1.3 Das Wiedersehen während des Prozesses und die Beziehung während Hannas Haft

Zunächst kreist Michaels Denken ausschließlich um Hanna, er kann sie nicht vergessen. *Aber irgendwann hörte die Erinnerung an sie auf, mich zu begleiten* (S. 83). Aus der Rückschau weiß Michael, dass er *die Erinnerung an Hanna zwar verabschiedet, aber nicht bewältigt hatte* (S. 84). Bald scheint Hanna tatsächlich keine Rolle mehr in Michaels Leben zu spielen: Er macht Abitur, nimmt sein Jurastudium auf und hat verschiedene Beziehungen, die jedoch nicht von Dauer sind. Dann sieht er Hanna überraschend im Gericht wieder: *Ich erkannte sie, aber ich fühlte nichts. Ich fühlte nichts.* (S. 91)

Michael ist froh, dass Hanna nicht aus der Untersuchungshaft entlassen wird:

» *Ich wollte sie weit weg von mir haben, so unerreichbar, daß sie die bloße Erinnerung bleiben konnte, die sie in den vergangenen Jahren für mich geworden und gewesen war.* (S. 93)

Michael will Distanz zu Hanna, er fürchtet sich vor einer Begegnung. Es sind lediglich zwei nichtssagende Blicke, die die beiden miteinander während der Prozesswochen tauschen (vgl. S. 95):

» *Hanna drehte sich um und sah mich an. Ihr Blick fand mich sofort, und so merkte ich, daß sie die ganze Zeit gewußt hatte, daß ich da war. Sie sah mich einfach an. Ihr Gesicht bat um nichts, warb um nichts, versicherte oder versprach nichts.* (S. 112)

Auch als sich während der Verhandlung in Michaels Denken wieder Bilder aus der vergangenen Zeit mit Hanna einstellen, fühlt er nichts, *das Erinnern war ein Registrieren* (S. 96). Gleichzeitig beschäftigt Michael die Tatsache, dass er aufgrund seiner Erkenntnis des Analphabetismus in den Prozess eingreifen müsse, er hält es nicht aus, untätig zu bleiben. Dabei geht es ihm aber nicht um Gerechtigkeit:

> *Ich konnte Hanna nicht lassen, wie sie war oder sein wollte. Ich mußte an ihr rummachen, irgendeine Art von Einfluß und Wirkung auf sie haben, wenn nicht direkt, dann indirekt.* (S. 153)

Tatsächlich aber unternimmt er nichts, er verrät – anders als geplant – ihr Geheimnis dem Vorsitzenden Richter nicht (vgl. S. 153–155).

Michaels Bindung an Hanna bleibt auch während ihrer Haft bestehen. Sie äußert sich zunächst darin, dass er andere Frauen mit Hanna vergleicht. Es ist, als habe das sexuelle Erleben mit Hanna eine Folie gebildet, vor der Michael alle anderen Verhältnisse auf ihre Stimmigkeit hin überprüft (vgl. S. 164f.). Nach der Trennung von seiner Frau Gertrud beginnt Michael **für Hanna auf Kassetten vorzulesen** (vgl. S. 174–176). Er tut also das, was ein wichtiger Bestandteil ihres Rituals gewesen war. Aber er macht *keine persönlichen Bemerkungen* (S. 176). Selbst als Hanna ihm Grüße schickt, antwortet er ihr nicht, obwohl er stolz auf ihre Leistung ist (vgl. S. 178f.).

Auf die Aufforderung der Anstaltsleiterin hin bereitet Michael dann **Hannas Leben nach der Haft** vor, indem er ihr eine Wohnung und einen Arbeitsplatz als Schneiderin besorgt (vgl. S. 182f.). Aber **er will keine Nähe**. Vor dem ersten Treffen im Gefängnis scheut er lange zurück:

> *Gerade weil sie mir auf so freie Weise sowohl nah als auch fern war, wollte ich sie nicht besuchen. Ich hatte das Gefühl, sie könne, was sie mir war, nur in der realen Distanz sein. Ich hatte Angst, die kleine, leichte, geborgene Welt der Grüße und Kassetten sei zu künstlich und zu verletzlich, als daß sie die reale Nähe aushalten könnte.* (S. 183)

Tatsächlich verläuft das **Wiedersehen im Gefängnisgarten** dann auch **distanziert**. Michael begegnet einer alten Frau, die mit ihrem Aussehen und Geruch seine Erinnerungen an die 36-Jährige nicht einlösen kann (vgl. S. 184–188). Auch Hanna scheint es ähnlich zu ergehen, denn glänzt ihr Gesicht zunächst in Freude auf, erlischt es rasch und sie zeigt nur *ein freundliches, müdes Lächeln* (S. 185).

Hannas Tod aber **macht Michael betroffen**. Im Gespräch mit der Anstaltsleiterin spürt er *Tränen in Brust und Hals und Angst, nicht reden zu können* (S. 193, vgl. S. 195). Der Anblick der Verstorbenen aber lässt ihn nicht weinen, vielmehr sieht er *im toten Gesicht das lebende* aufscheinen und fühlt sich dabei an einen alten Ehemann erinnert, für den *die Schönheit und Anmut der jungen Frau in der alten* aufgehoben bleibt (S. 197f.).

Seine **prägende Bindung an Hanna** gesteht Michael später zumindest indirekt der ehemaligen KZ-Insassin ein, die er in New York aufsucht, um Hannas letzten Willen zu erfüllen. Diese Frau wirft die Frage auf, was Hanna Michael angetan habe (vgl. S. 202). Schon vorher hatte er sich gefragt: *Hatte ich nicht auch Rechenschaft von ihr zu fordern? Wo blieb ich?* (S. 190) Damit ist die Frage nach der **Klärung des Verhältnisses** zu Hanna aufgeworfen, die Michael letztlich nach langer Zeit **in seinem reflektierenden Schreiben** gelungen zu sein scheint:

» *Was ich getan und nicht getan habe und sie mir angetan hat – es ist nun eben mein Leben geworden.* (S. 205)

Zuerst wollte ich unsere Geschichte schreiben, um sie loszuwerden. Aber zu diesem Zweck haben sich die Erinnerungen nicht eingestellt. […] Seit einigen Jahren lasse ich unsere Geschichte in Ruhe. Ich habe meinen Frieden mit ihr gemacht. Und sie ist zurückgekommen […]. Was für eine traurige Geschichte, dachte ich lange. Nicht daß ich jetzt dächte, sie sei glücklich. Aber ich denke, daß sie stimmt und daß daneben die Frage, ob sie traurig oder glücklich ist, keinerlei Bedeutung hat. […] Vielleicht habe ich unsere Geschichte doch geschrieben, weil ich sie loswerden will, auch wenn ich es nicht kann. (S. 206)

Schlink zeigt mit Michaels unüberwindlicher Bindung an Hanna das Prägende einer ersten Liebe, die sich als ein lebenslanges Nähe-Distanz-Verhältnis erweisen kann, das wiederum einer reflektierenden Aufarbeitung bedarf. Das Aufschreiben der Ereignisse kann dabei der Selbstbestimmung dienen und so geradezu einen therapeutischen Sinn haben.

2. Die Auseinandersetzung mit der NS-Problematik

2.1 Die Frage nach Hannas Schuld – Der Prozess

Die Hauptanklagepunkte, die **Hanna** – wie auch ihren vier Mitangeklagten – zur Last gelegt werden, lassen sie aufgrund ihrer Tätigkeit als SS-Aufseherin **als an den nationalsozialistischen Verbrechen beteiligte Mittäterin** erscheinen (vgl. S. 102 f.). Die konkreten Vorwürfe betreffen:

- die Durchführung der Selektionen von Insassinnen zum Rücktransport von dem in der Nähe von Krakau gelegenen Außenlager, das als Munitionsfabrik dient, ins KZ Auschwitz. Dies bedeutete für die Frauen den sicheren Tod.
- das Verhalten während einer Bombennacht, in der mehrere hundert gefangene Frauen auf der vom Wachpersonal durchgeführten Flucht nach Westen in einer Dorfkirche verbrennen, weil die Aufseherinnen die Türen der bombardierten Kirche nicht aufschließen.

Aufgrund ihrer Aussage, im Herbst 1943 freiwillig zur SS gegangen zu sein, obwohl ihr bei Siemens eine bessere berufliche Stellung als Vorarbeiterin angeboten worden war (vgl. S. 91 f.), erscheint Hanna als überzeugte Nationalsozialistin. Ihr eigentliches Motiv, nämlich der innere Zwang, die *Lebenslüge* (S. 132) ihres Analphabetismus nicht aufzugeben, bleibt dem Gericht verborgen.

Entscheidend für die Frage nach ihrer Schuld ist aber auch **Hannas Einstellung zu ihrem Verhalten als SS-Aufseherin während des Prozesses**. Zunächst zeigt sie sich naiv-ehrlich und sorglos untaktisch, wenn sie die Selektionen beschreibt (vgl. S. 106f.) oder die Ereignisse um den Kirchenbrand schildert (vgl. S. 121–123). So scheint sie – zum Teil mit einem gewissen kämpferischen Eifer (vgl. S. 131) – allein der Wahrheit verpflichtet zu sein:

» *Wo sie meinte, ihr geschehe Unrecht, widersprach sie, und sie gab zu, was ihres Erachtens zu Recht behauptet und vorgeworfen wurde. […] Aber sie merkte nicht, daß ihre Beharrlichkeit den Vorsitzenden Richter ärgerte. Sie hatte kein Gefühl für den Kontext, für die Regeln, nach denen gespielt wurde, für die Formeln, nach denen sich ihre Äußerungen und die der anderen zu Schuld und Unschuld, Verurteilung und Freispruch verrechneten.* (S. 105)

Letztlich aber verhält sie sich töricht und hilflos, wenn sie etwa mit dem Hinweis auf ihr Pflichtbewusstsein und ihre Verantwortung rechtfertigt, die Gefangenen auf der Flucht in jene Kirche eingeschlossen zu haben, die dann in Brand gerät:

» *Hanna merkte, daß sie ihrer Sache mit dem, was sie sagte, keinen Dienst erwies. Aber sie konnte nichts anderes sagen. […] Weil sie nicht ein noch aus wußte, wandte sie sich wieder an den Vorsitzenden.*
»Was hätten Sie denn gemacht?«
[…] Der Vorsitzende schüttelte stumm den Kopf. (S. 122f.)

Hanna verteidigt eine Ordnung, die – aus der Rückschau heraus – nicht zu verteidigen ist. Damit erscheint sie als eine prinzipiell **uneinsichtige Täterin**, die sich und der Gesellschaft auch mit zeitlichem Abstand von über zwanzig Jahren das Schuldhafte ihres Verhaltens nicht eingestehen will. Dazu passt dann auch, dass Hanna während der Verkündung der lebenslänglichen Haftstrafe hochmütig und verletzt wirkt (vgl. S. 157).

Wie Michael ist der **Leser** allerdings **in einer wissenderen Position** als die Prozessbeteiligten. Er weiß darum, dass Hanna durch den Umstand, dass sie ihren Analphabetismus nicht offenbaren will, den Mitangeklagten und ihren Verteidigern Gelegenheit gibt, ihr ungerechtfertigt die Hauptschuld anzulasten.

Der Jurist Schlink weist mit dieser Konstellation offenbar auf ein spezifisch juristisches Phänomen hin. Ein Gerichtsurteil ist immer abhängig von den Fakten und Informationen, die in Erfahrung zu bringen sind und die eine bestimmte, vermeintlich angemessene Bewertung nahelegen. **Ein Urteil kann so – objektiv betrachtet – auch ungerecht erscheinen.**

Damit könnte der Eindruck entstehen, Hanna sei nun ihrerseits in der Rolle eines Opfers. Damit wäre dann wohl auch eine Relativierung ihrer Verbrechen verbunden, wie sie auf ähnliche oder auch andere Weise von vielen Mittätern und Handlangern des NS-Regimes tatsächlich nachträglich versucht wurde. In den Rezensionen zum Roman ist häufig auf diesen gefährlichen Zusammenhang verwiesen worden.[1] Dagegen spricht jedoch eindeutig, dass Schlink die weitere Handlung so verlaufen lässt, dass Hanna ihr schuldhaftes Verstricktsein in die NS-Verbrechen selbst einsieht und – mit der Konsequenz der Selbsttötung – auch akzeptiert.

Hannas Schuld besteht nicht nur in ihren Vergehen als KZ-Aufseherin, sondern auch in ihrer Uneinsichtigkeit während des Prozesses. Gebrochen wird diese Schuld durch die Tatsache, dass sie – um ihren Analphabetismus nicht zu bekennen – Verbrechen auf sich nimmt, die sie in diesem Ausmaß nicht begangen hat. Dies aber entlastet Hanna letztlich nicht.

1 s. o. S. 33f.

2.2 Hannas Wandlung in der Haft und ihr Freitod – Die Bedeutung von Lesen und Schreiben

Während der Verhandlung gibt es einen kurzen Moment, in dem Hannas vermeintlich uneinsichtige Position zu wanken beginnt. Unmittelbar zuvor hatte ihr der Richter erklärt, es gebe *Sachen, auf die man sich einfach nicht einlassen darf und von denen man sich, wenn es einen nicht Leib und Leben kostet, absetzen muss* (S. 107). Von allen Prozessbeteiligten wird diese Aussage als hilflos, kläglich empfunden, nur Hanna denkt über sie länger nach:

> *»Also hätte ich … hätte nicht … hätte ich mich bei Siemens nicht melden dürfen?«*
> *Das war keine Frage an den Richter. Sie sprach vor sich hin, fragte sich selbst, zögernd, weil sie sich die Frage noch nicht gestellt hatte und zweifelte, ob es die richtige Frage und was die Antwort war.* (S. 108)

Hannas eigentlicher **Wandlungsprozess** aber setzt erst während der Haft ein. Viele Jahre lebt Hanna im Gefängnis *wie in einem Kloster*, dabei erweckt sie den Eindruck, *als hätte sie sich der hiesigen Ordnung freiwillig unterworfen* (S. 196), so erklärt es die Anstaltsleiterin Michael in einem Gespräch. Hanna habe sich den Respekt der Mitgefangenen erworben, sei von ihnen als Autoritätsperson anerkannt worden. Dann sei es aber *vor einigen Jahren* zu einer auffälligen Veränderung gekommen. Hanna, vorher *bei ihrer kräftigen Gestalt doch schlank und von peinlicher, gepflegter Sauberkeit*, habe zugenommen und sich nun nur noch selten gewaschen, allerdings ohne dabei *unglücklich oder unzufrieden* zu wirken (S. 196). Die Anstaltsleiterin führt diese äußerliche Veränderung auf eine **neue innere Haltung** Hannas zurück:

> *Eigentlich war es, als hätte der Rückzug ins Kloster nicht mehr genügt, als gehe es selbst im Kloster noch zu gesellig und geschwätzig zu und als müsse sie sich daher weiter zurückziehen, in eine einsame Klause, in der einen niemand mehr sieht und*

> *Aussehen, Kleidung und Geruch keine Bedeutung mehr haben. Nein, daß sie sich aufgegeben hat, war falsch gesagt. Sie hat ihren Ort neu definiert, in einer Weise, die für sie gestimmt, aber die anderen Frauen nicht mehr beeindruckt hat.* (S. 196f.)

Dieser Wandlungsprozess hängt damit zusammen, dass Hanna – mithilfe der Literaturkassetten, die Michael ihr ins Gefängnis schickt – lesen und schreiben lernt (vgl. S. 195). Damit tut Hanna *den Schritt aus der Unmündigkeit zur Mündigkeit* (S. 178). Sie liest dann vor allem Titel über das NS-Geschehen, und zwar *die Literatur der Opfer neben den autobiographischen Aufzeichnungen* [der Täter] *und wissenschaftliche Literatur über Konzentrationslager* (S. 193).[1] Über diesen **Erkenntniszuwachs** gelangt Hanna offenbar zur **Einsicht in ihre Schuld** und damit zu einer **neuen Selbstbestimmung**, die dann in die bewusst gewählte Isolation führt. Angesichts der Tatsache, dass diese innerlich akzeptierte Lebensweise mit der Entlassung in die Freiheit nicht mehr zu realisieren ist, scheint die **Selbsttötung** dann folgerichtig.

Allerdings bleibt die Frage, ob Hanna mit der Selbsttötung sich nicht erneut entzieht, gleichsam vor einem verantwortungsbewussten Leben mit ihrer Schuld in der Freiheit flüchtet, die ihr nach 18-jähriger Haft in einem Gnadenakt vorzeitig wieder gegeben werden soll. In der kurzen Unterhaltung, die Michael mit Hanna während ihres Wiedersehens im Gefängnisgarten führt, kommt die Frage nach der Rechenschaft für ihr eigenes Verhalten auf. Hanna äußert, sich allein den Toten gegenüber wegen ihres schuldhaften Tuns verantwortlich zu fühlen:

> » *Ich hatte immer das Gefühl, daß mich ohnehin keiner versteht, daß keiner weiß, wer ich bin und was mich hierzu und dazu gebracht hat. Und weißt du, wenn keiner dich versteht, dann kann auch keiner Rechenschaft von dir fordern. Auch das Gericht konnte nicht Rechenschaft von mir fordern. Aber die*

1 vgl. hierzu auch die Wort- und Sacherklärungen (s. o. S. 37)

Toten können es. Sie verstehen. [...] Hier im Gefängnis waren sie viel bei mir. Sie kamen jede Nacht, ob ich sie haben wollte oder nicht. Vor dem Prozeß habe ich sie, wenn sie kommen wollten, noch verscheuchen können. (S. 187)

Zunächst klingt diese Aussage sonderbar, vielleicht auch verrückt. Sie dokumentiert aber deutlich, dass Hanna ihre Vergehen nicht mehr verdrängen kann und dass sie sich ihnen stellen muss. Dabei wird ein entscheidender Aspekt der Problematik um die Schuld der NS-Verbrecher thematisiert. Es sind nämlich die Opfer, die Toten, die Rechenschaft einfordern können und dürfen, und nicht die häufig selbstgerecht auftretenden sogenannten Ankläger und Aufklärer – ein Zusammenhang, der in ähnlicher Weise auch Michael beschäftigt.

Während der Haft entwickelt Hanna ein Schuldbewusstsein. Grundbedingung dafür ist der Umstand, dass sie lesen und schreiben lernt und so an Hintergrundinformationen über den Holocaust gelangt. Dass sie sich umbringt, unmittelbar bevor sie entlassen werden soll, scheint dabei konsequent.

2.3 Michaels Verhalten während des Prozesses: Die Rolle der Nachgeborenen angesichts der NS-Verbrechen

Michael – selbst um die zwanzig Jahre alt – ist zunächst ein typischer Vertreter seiner Generation, die sich Ende der 60er-Jahre mit dem Verhalten ihrer Eltern während der Zeit des Nationalsozialismus engagiert-kritisch auseinandersetzt:

» *Aufarbeitung! Aufarbeitung der Vergangenheit! [...] Wir rissen die Fenster auf, ließen die Luft herein, den Wind, der endlich den Staub aufwirbelte, den die Gesellschaft über die Furchtbarkeiten der Vergangenheit hatte sinken lassen. [...] Daß verurteilt werden müsse, stand für uns fest. Ebenso fest stand für uns, daß es nur vor-*

dergründig um die Verurteilung dieses oder jenes KZ-Wächters und -Schergen ging. Die Generation, die sich der Wächter und Schergen bedient oder sie nicht gehindert oder sie nicht wenigstens ausgestoßen hatte, als sie sie nach 1945 hätte ausstoßen können, stand vor Gericht, und wir verurteilten sie in einem Verfahren der Aufarbeitung und Aufklärung zu Scham. (S. 87)

Aufgrund des Umstandes, dass er Hanna nun als NS-Verbrecherin wiedersieht, verliert die **NS-Problematik für Michael** ihre nur allgemeine Unverbindlichkeit, sie wird ihm, der seinen Eltern kein Fehlverhalten vorwerfen kann (vgl. S. 88, 162), **zu einer konkreten, persönlichen Angelegenheit**.

Einerseits weiß Michael, dass **Hanna schuldig** ist (vgl. S. 132). Unmittelbar nachdem er erkannt hat, dass sie Analphabetin ist (vgl. S. 126), bezeichnet er sie als *Verbrecherin*:

» *Hannas Scham, nicht lesen und schreiben zu können, als Grund für ihr Verhalten im Prozeß und im Lager? Aus Angst vor der Bloßstellung als Analphabetin die Bloßstellung als Verbrecherin? Aus Angst vor der Bloßstellung als Analphabetin das Verbrechen?* (S. 127)
Und war sie so eitel und böse, für das Vermeiden einer Bloßstellung zur Verbrecherin zu werden? (S. 128)

Andererseits versucht Michael nun **Hanna** zu **verstehen**, indem er ihre *Lebenslüge* (S. 132) berücksichtigt und ihr Verhalten rechtfertigt:

» *Nein, habe ich mir gesagt, Hanna hatte sich nicht für das Verbrechen entschieden. Sie hatte sich gegen die Beförderung bei Siemens entschieden und war in die Tätigkeit als Aufseherin hineingeraten. Und nein, sie hatte die Zarten und Schwachen nicht mit dem Transport nach Auschwitz geschickt, weil sie ihr vorgelesen hatten, sondern hatte sie fürs Vorlesen ausgewählt, weil sie ihnen den letzten Monat erträglich machen wollte, ehe sie ohnehin nach Auschwitz mußten.* (S. 128, vgl. auch S. 112 f.)

Schließlich belastet sich **Michael** selbst, er **fühlt sich schuldig**, *weil ich eine Verbrecherin geliebt hatte* (S. 129).

Schlink gestaltet hier die schwierige Beschäftigung mit der **NS-Problematik** auf eine komplexe Art. Er tut dies, indem er das Handlungsgeschehen auf seine spezifische Weise arrangiert, und er tut dies, indem er Michael eben diese Problematik **aus der Retrospektive auch theoretisch analysieren** lässt und ihm die Erkenntnis erlaubt, *dass die Auseinandersetzung mit der nationalsozialistischen Vergangenheit nicht der Grund, sondern nur der Ausdruck des Generationenkonflikts war,* denn diese Auseinandersetzung ist *ein Thema auch für Kinder, die ihren Eltern nichts vorwerfen konnten oder wollten,* und sie *galt nicht nur dem, was im Dritten Reich geschehen war* (S. 161). Sie gilt sowohl den Hakenkreuz-Schmierereien wie der Tatsache, dass *viele alte Nazis bei den Gerichten, in der Verwaltung und an den Universitäten Karriere gemacht hatten* (S. 161). Michael konstatiert, dass ihn und seine Generation dies alles mit **Scham** erfüllt habe, *selbst wenn wir mit dem Finger auf die Schuldigen zeigen konnten.* (S. 161) Wieder steht hier am Ende die **Selbstanklage Michaels**:

» *Ich mußte eigentlich auf Hanna zeigen. Aber der Fingerzeig auf Hanna wies auf mich zurück. Ich hatte sie geliebt. Ich hatte sie nicht nur geliebt, ich hatte sie gewählt. Ich habe versucht, mir zu sagen, daß ich, als ich Hanna wählte, nichts von dem wußte, was sie getan hatte. Ich habe versucht, mich damit in den Zustand der Unschuld zu reden, in dem Kinder ihre Eltern lieben. Aber die Liebe zu den Eltern ist die einzige Liebe, für die man nicht verantwortlich ist.* (S. 162)

Michael stört *die auftrumpfende Selbstgerechtigkeit* (S. 162) derjenigen seiner Altersgenossen, die die Elterngeneration verurteilen, gleichzeitig aber den Verbrechen gegenüber *Schuld und Scham empfinden* (S. 163). Damit plädiert Michael – und mit ihm Bernhard Schlink – für einen ebenso **verantwortungsbewussten wie vorsichtig-fairen**

Umgang gerade auch der selbst vermeintlich unbeteiligten Generation mit der NS-Vergangenheit.

Darüber hinaus benennt Schlink drei weitere Phänomene, die die Beschäftigung der Nachgeborenen mit dem Holocaust begleiten:

- das Gefühl der *Betäubung* (S. 97) bzw. des *Betäubtseins* (S. 99) letztlich als Reaktion auf die Schrecklichkeit der Verbrechen (vgl. S. 96–100), ein Gefühl, das *Täter, Opfer, Tote, Lebende, Überlebende und Nachlebende* (S. 99) vergleichbar mache, wie Michael auch im Wissen darum behauptet, dass man mit dieser Ansicht selbst dann missverstanden werde, wenn man ausdrücklich betone, so die gravierenden Unterschiede zwischen denen, die Leiden zufügten, und denen, die Leiden ertragen mussten, nicht relativieren zu wollen.
- die fehlende bildliche Dokumentation der Verbrechen in den 60er-Jahren und damit die Gefahr ihres Vergessens, eine Gefahr, die Michael mit den seit den 70er-Jahren entstehenden Spielfilmen um das Holocaust-Geschehen dann eher gebannt sieht (vgl. S. 142 f.).[1]
- das Dilemma des nicht aufzulösenden Zusammenhangs von Verstehen und Verurteilen der Täter:

> *Ich wollte Hannas Verbrechen zugleich verstehen und verurteilen. Aber es war dafür zu furchtbar. Wenn ich versuchte, es zu verstehen, hatte ich das Gefühl, es nicht mehr so zu verurteilen, wie es eigentlich verurteilt gehörte. Wenn ich es so verurteilte, wie es verurteilt gehörte, blieb kein Raum fürs Verstehen. Aber zugleich wollte ich Hanna verstehen; sie nicht zu verstehen, bedeutete, sie wieder zu verraten. Ich bin damit nicht fertiggeworden. Beidem wollte ich mich stellen: dem Verstehen und dem Verurteilen. Aber beides ging nicht.* (S. 151 f.)

1 vgl. hierzu auch die Wort- und Sacherklärungen (s. o. S. 36)

Schlink gestaltet in Michaels Auseinandersetzung mit der Schuld Hannas auf differenzierte Weise die NS-Problematik aus der Sicht der Nachgeborenen und zeigt, dass diese Beschäftigung in selbstgerechten allgemeinen Vorwürfen stecken zu bleiben oder aufgrund der Schreckensdimension und des zeitlichen Abstandes unmöglich zu werden droht. Der Autor betont dabei die existenzielle Ratlosigkeit, mit der sich jene – auf offensichtlich unvermeidliche Weise – konfrontiert sehen, die um eine angemessene Haltung gegenüber dieser deutschen Vergangenheit ringen.

2.4 Der Umgang mit der gesühnten Schuld – Das Problem der Wiedergutmachung

Explizit wird die **religiöse Dimension** der NS-Problematik im Roman angesprochen, als Michael von seinem Besuch bei jener ehemaligen KZ-Insassin in New York erzählt, die mit ihrer Mutter den Kirchenbrand überlebt hat. Um Hannas Testament zu erfüllen und das von ihr angesparte Geld zu überbringen, sucht Michael diese Frau auf, die sich sträubt, die 7000 DM anzunehmen, weil sie damit *die Absolution* (S. 201) für Hanna verbindet, die sie aber *weder erteilen kann noch will* (S. 203). Die **Absolution als Lossprechung von Schuld** wird vonseiten des Opfers der NS-Täterin also verweigert. Michael aber gibt sich so nicht zufrieden, er erklärt Hannas vermutliche Absicht:

> » *Die Jahre der Haft sollten nicht nur auferlegte Sühne sein; Hanna wollte ihnen selbst einen Sinn geben, und sie wollte mit dieser ihrer Sinngebung anerkannt werden.* (S. 201)

Schließlich gewährt die Frau Hanna diese **Anerkennung**, wenn sie bestimmt, das Geld in Hannas Namen einer jüdischen Organisation gegen den Analphabetismus zukommen zu lassen. Michael wählt für diese Geste die Formel *Anerkennung ohne die Absolution* (S. 201).

Das Verhalten der ehemaligen KZ-Insassin zeigt, dass die Opfer den Tätern nicht einfach verzeihen können, dass eine Wiedergutmachung der Verbrechen im eigentlichen Sinn unmöglich ist, dass aber doch das Verbüßen von Schuld nicht ohne eine gewisse Anerkennung bleiben muss.

Aufschlussreich ist in diesem Kontext ein Blick auf die Herkunft (Etymologie) der Eigennamen der beiden zentralen Figuren des Romans: Während sich der Vorname *Michael* aus dem Hebräischen mit der Frage »Wer ist wie Jahwe (Gott)?« übersetzen lässt, leitet sich der ebenfalls biblisch-hebräische Name *Hanna* entweder als weibliche Koseform von Johannes mit der Bedeutung »Jahwe (Gott) ist gnädig« oder als Nebenform zu Anna mit der Bedeutung »Gottes Gnade, Anmut« ab.

Damit ist ein komplexer religiös-theologischer Zusammenhang angesprochen. Biblisch gesprochen ist es die Aussage, mit der Jesus angesichts der bevorstehenden Steinigung der auf frischer Tat ertappten Ehebrecherin die Schriftgelehrten und Pharisäer konfrontiert: *Wer von euch ohne Sünde ist, werfe als erster einen Stein auf sie.* (Joh 8,7) Die Ehebrecherin wird nicht hingerichtet und Jesus sagt ihr zu: *Auch ich verurteile dich nicht. Geh und sündige von jetzt an nicht mehr!* (Joh 8,11)

Darf also letztlich nicht der Mensch verurteilen und richten, sondern nur Gott? Darf Hanna wirklich die Gnade Gottes erfahren? Die Antworten auf diese Fragen sind freilich nicht einfach, das will Schlink offensichtlich unterstreichen. Es wiederholt sich hier in der Namensgebung also die Warnung des Autors vor einer allzu raschen und selbstgerechten Verurteilung, mit der das Böse eben nicht überwunden werden kann. Bezeichnenderweise gilt der Erzengel Michael aber als Besieger des Satans und bezeichnenderweise ist der heilige Michael der deutsche Volksheilige. Angesichts der zunehmend differenzierteren Haltung Michaels im Umgang mit der Schuld der NS-Verbrecher könnte man daraus nun – mit aller Vorsicht – ableiten, der

Autor Bernhard Schlink spreche seiner Figur eine gewisse Vorbildfunktion für die Deutschen zu.

Abschließend sei angemerkt, dass auch die Nachnamen auf das Romangeschehen verweisen. *Berg* erinnert als sprechender Name an allgemeine Zusammenhänge, die Redewendungen wie »[nicht] über den Berg sein«, »über alle Berge sein«, »Berge versetzen können« und »mit etwas [nicht] hinter dem Berg halten« veranschaulichen (vgl. auch S. 126). Und der Name Schmitz lässt sich von dem mittelhochdeutschen Wort »smitz(e)« ableiten, das einen Schlag (mit der Peitsche) bezeichnet und damit auf jene Szene anspielt, in der Michael von Hanna mit einem Gürtel geschlagen wird (vgl. S. 54). Außerdem gilt Schmitz als veraltete Bezeichnung für Fehler, Schmutz- und Schandfleck.

3. Die poetische Qualität des Romans

Von Schlinks wirkungsvoller Gestaltungsarbeit, die dem aufmerksamen Leser durch versteckte Anspielungen immer wieder Interpretationsimpulse zu geben vermag, zeugen vor allem die poetischen Bilder. Ein Beispiel dafür bietet der Abschnitt, in dem Michael das »Ende« seiner Beziehung zu Hanna anspricht:

> » *Wenn bei Flugzeugen die Motoren ausfallen, ist das nicht das Ende des Flugs. Die Flugzeuge fallen nicht wie Steine vom Himmel. Sie gleiten weiter [...], um dann beim Versuch des Landens zu zerschellen. [...] Der Sommer war der Gleitflug unserer Liebe.* (S. 67)

Weitere Beispiele für die kunstvolle Textgestaltung sind aufgrund der überzeugenden Metaphern jene Passagen, die Michaels Erkennen von Hannas Analphabetismus und die Begegnung beider im Gefängnisgarten anbahnen (vgl. S. 125f., 184f.), sowie die Schilderung der zwei KZ-Besuche Michaels mit dem markanten Sommer-Winter-Kontrast (vgl. S. 148–152).[1]

1 vgl. hierzu die Aufgaben 1 und 3 (s. u. S. 57f., 60 und s. o. S. 30f.)

Aufgaben mit Lösungstipps

Sie haben nun einen umfassenden Einblick in die Themen des Schlink-Romans »Der Vorleser« gewonnen. Abschließend können Sie Ihre Erkenntnisse anhand konkreter Aufgabenstellungen vertiefen und ergänzen, um sich so insbesondere auf schriftliche Hausaufgaben und Klausuren vorzubereiten.

? Aufgabe 1

Ordnen Sie das Geschehen des 15. Kapitels im 2. Teil des Romans (S. 148–152) in die Gesamthandlung ein und skizzieren Sie die Erzählstruktur. Charakterisieren Sie anschließend die innere Situation des Ich-Erzählers und bestimmen Sie dann die Aussageabsicht, die der Autor mit diesem Kapitel verfolgen könnte. Wie beurteilen Sie die Qualität dieses Kapitels?

! Lösungstipp

- kurze Information zu **Inhalt und Aufbau des Romans:**
  - 1. Teil: 1959: Michael (15 Jahre, Gymnasiast) hat ein Verhältnis mit Hanna (36 Jahre, Straßenbahnschaffnerin), das mit ihrem plötzlichen Verschwinden abrupt endet
  - 2. Teil: 1966: Michael (Jurastudent) sieht Hanna als Angeklagte in einem Prozess um NS-Verbrechen wieder; kein persönlicher Kontakt zwischen den beiden; er erkennt, dass sie Analphabetin ist; in einer Prozesspause im Juni besucht er das KZ Struthof (vgl. Textausschnitt); sie erhält eine lebenslängliche Haftstrafe
  - 3. Teil:
    a) 1974–1984: Während ihrer Haft schickt Michael Hanna Literaturkassetten, nimmt aber erst kurz vor ihrer Entlassung persönlichen Kontakt auf; am Morgen ihrer Entlassung erhängt sie sich, er erfüllt ihr Testament

b) Winter 1994/95: Michael besucht wieder das KZ (vgl. Textausschnitt)

- **Erzählstruktur des Romans:**
  Der autobiografische Ich-Erzähler Michael Berg reflektiert im Winter 1994/95 schreibend seine Lebensbeziehung zu Hanna Schmitz, dabei erzählt er von seinem unmittelbar zuvor durchgeführten zweiten Besuch im KZ Struthof (vgl. S. 148), bei dem er sich an seinen ersten Besuch im Juni 1966 erinnert (vgl. S. 149ff.)
- **Innere Situation Michaels:** »innere Zerrissenheit«
  - Suche nach Sinn, Wahrheit
  - Ratlosigkeit: *eine große Leere* (S. 150)
  - Empörung und Machtlosigkeit (vgl. insbesondere das Gasthaus-Erlebnis, vgl. S. 150f.)
  - Problem: Verstehen und Verurteilen der NS-Verbrecher
- **Aussageabsicht Schlinks:**
  - Aufarbeiten von NS-Verbrechen ist sehr schwierig und problematisch für Nachgeborene
  - Schwanken zwischen Verständnis und Verurteilung ist unüberwindbar
  - Auseinandersetzung mit dem Holocaust ist Aufgabe für alle, für Opfer, für Täter und für an sich Unbeteiligte
- Poetische Mittel, die für die **Qualität des Textes** sprechen:
  - Kontrast: Sommer (Juni) – Winter
Konzentrationslager – Idylle (vgl. S. 148f.)
  - Schnee-Motiv: Vergessen – Verbergen – Verdrängen / Weiß als Farbe der Unschuld (Kontrast)

? Aufgabe 2

Analysieren und bewerten Sie aufgrund der in den Anfangspassagen des 8. Kapitels im 2. Teil des Romans (S. 114f.) benannten Kriterien die Erzählhaltung des autobiografischen Ich-Erzählers Michael Berg.

! Lösungstipp

Unter der Formel *ein eigentümliches Zugleich von Distanz und Nähe* (S. 114) analysiert Michael Berg seine Lektüre des Buches, in dem jene Überlebende des Kirchenbrandes, die er am Ende der Handlung in New York aufsucht, über ihr und ihrer Mutter Lagerleben schreibt. Im Einzelnen sieht Michael anerkennend **folgende Kriterien** erfüllt:

- Schaffen von Distanz und Verhindern von Identifikation,
- Fähigkeit zum Registrieren und zur Analyse trotz des Gefühls der Betäubung angesichts des geschilderten Geschehens,
- Vermeiden einer korrumpierten Sicht etwa aufgrund von Selbstmitleid oder Selbstbewusstsein,
- nüchterne Darstellung eigenen pubertären, altklugen und durchtriebenen Verhaltens.

Im Kern ist damit Michaels Erzählhaltung charakterisiert: Er erzählt – mit zum Teil erheblichem zeitlichen Abstand – selbstkritisch, beschönigt nicht, offenbart seine Schwächen. Er registriert und analysiert seine Beziehung zu Hanna, ohne dabei sentimental zu werden. Er stellt sein Verhalten in den jeweiligen soziohistorischen Kontext. Dies lässt sich an zahlreichen Romanpassagen belegen (vgl. u. a. S. 17, 28, 38 f., 41 f., 56 f., 58, 84 f., 172). So kann also Michaels **ebenso subjektiv-offene wie analytisch-reflektierende Erzählhaltung** als *ein eigentümliches Zugleich von Distanz und Nähe* (S. 114) angemessen beschrieben werden. Ob Ihnen diese Erzählhaltung als Leser gefällt, ist von Ihnen argumentativ abwägend mit Pro und Kontra darzulegen. Mögliche Aspekte wären: Michael als »gebrochene« Identifikationsfigur; reine Selbstbespiegelung Michaels; »philosophische Langeweile« in den Reflexionen; gehaltvolle, problemorientierte Thematik; Handlungsarmut; Konzentration auf »nur« eine Perspektive …

? Aufgabe 3

Erarbeiten Sie die poetische Gestaltung der Eröffnungspassagen des 10. Kapitels im 2. Teil (S. 125f.) und des 8. Kapitels im 3. Teil des Romans (S. 184f.) und bestimmen Sie die Funktion dieser Passagen im Hinblick auf das nachfolgende Geschehen.

? Lösungstipp

- Mittel der poetischen Gestaltung: **Syntax:** Mischung von Parataxen und Hypotaxen mit Aufzählungen und Parallelismen – **rhetorisch-stilistische Mittel:** (alliterierende) Zweierformeln, Antithesen – **Metaphern, Motive:** Weg, Bergbesteigen (vgl. Erkenntnisprozess); Dunst, Regen, Wald (Unkenntnis) und *lichtes Gehölz* (Erkenntnis) (vgl. S. 125f.); Tür (Versperrtsein des Weges zu Hanna); Schatten (Hinweis auf Hannas Isolation und Tod) (vgl. S. 184f.)
- **Kontrast:** Das *Freie* im Inneren des Gefängnisses, *der Bau war neu und hell,* die *belebte kleine Wiese mit Bäumen* (S. 184) (Erzeugen von Spannung)
- Funktion: **Widerspiegelung** von Michaels Erkennen des Analphabetismus Hannas bzw. **Vorausdeutung** auf die Begegnung Michaels mit Hanna und auf ihr weiteres Schicksal **in poetisch verdichteter Form**.

? Aufgabe 4

Analysieren Sie den Streit zwischen Michael und Hanna im 10. Kapitel des 1. Teils des Romans (S. 47–50), indem Sie kommunikationstheoretische Fachbegriffe wie verbale und averbale, digitale und analoge Kommunikation, Beziehungs- und Selbstoffenbarungsbotschaft, superiore und inferiore Gesprächsposition anwenden.

? Lösungstipp

Die Vorgeschichte: Michael Berg (15 Jahre, Gymnasiast) und Hanna Schmitz (36 Jahre, Schaffnerin) haben ein Verhältnis. In den Osterferien fährt Michael schon am frühen Morgen mit der Straßenbahn, um Hanna nah zu sein. Sie beachtet ihn aber nicht. Am Mittag treffen die beiden dann aufeinander. Es liegt ein **komplementäres Kommunikationsgeschehen** vor, in dem Hanna die superiore und Michael die inferiore Position innehat. Folgende Momente der digitalen und analogen Kommunikation belegen dies:

- Sie schließt die Wohnung auf, er »folgt« ihr (vgl. S. 47).
- Sie fragt rhetorisch: *»Ich habe getan, als kenne ich dich nicht?«* Sie ist ironisch: *»Du armes Kind.«* (S. 47 f.)
- Sie unterbricht ihn und fordert den Abbruch der Kommunikation: »Würdest du jetzt gehen?« (S. 48)
- Er äußert eine einseitig positive Beziehungsbotschaft mit hypothetischem Charakter: *»Wenn ich dich nicht hätte kennen wollen, wäre ich gar nicht mitgefahren.«* (S. 48)
- Sie verstärkt ihre Kommunikationsabwehr analog, d. h. durch Gesten und (paralinguale) Veränderung der Stimme, und unterstreicht so den Appellcharakter (vgl. S. 48).
- Er zweifelt im Selbstgespräch, wird *unsicher* (S. 48): *Hatte sie vielleicht recht, nicht objektiv, aber subjektiv?* (S. 48)
- Er entschuldigt sich und formuliert eine Beziehungsbotschaft, die Abhängigkeit konstatiert: *»Es tut mir leid, Hanna.«* (S. 48)
- Er belastet sich in einer Selbstoffenbarungsbotschaft selbst: *Ich hatte gedankenlos, rücksichtslos, lieblos gehandelt. Ich verstand, daß sie gekränkt war. […]* (S. 49)
- Er bittet verbal um Verzeihung: *»Verzeihst du mir?«* Und sie akzeptiert diese Bitte »nur« nonverbal: *Sie nickte.* (S. 49)

Lesetipps

Rezensionen

Bielefeld, Claus-Ulrich: Die Analphabetin, in: Süddeutsche Zeitung, 4./5. November 1995.

Hage, Volker: Gewicht der Wahrheit, in: Der Spiegel, Heft 13, 29. März 1999, S. 242 f.

Krause, Tilman: Keine Elternaustreibung, in: Der Tagesspiegel, 3. September 1995.

Medicus, Thomas: Populäres Sprachrohr der Katharsis, in: Frankfurter Rundschau, 16. Februar 2000.

Michalzik, Peter: Das Monster als Mensch, in: die tageszeitung, 9./10. Dezember 1995.

Moritz, Rainer: Die Liebe zur Aufseherin, in: Die Weltwoche, 23. November 1995.

Wandrey, Uwe: Frau mit Peitsche, in: Das Sonntagsblatt, 15. Dezember 1995.

Interviews

Hage, Volker/Doerry, Martin: Spiegel-Gespräch (mit Bernhard Schlink) »Ich lebe in Geschichten«, in: Der Spiegel, Heft 4, 24. Januar 2000, S. 180–184.

Kahlweit, Cathrin: Die neue Gegenwart hat so was Gelecktes, in: Süddeutsche Zeitung, 3./4. September 1997.

Krause, Tilman: Die Freiheit des Arrivierten, in: Der Tagesspiegel, 28. April 1996.

Kübler, Gunhild: »Als Deutscher im Ausland wird man gestellt« in: Die Weltwoche, 27. Januar 2000.

Wyss, Martin: Fragen auf Antworten, in: Das Magazin. Wochenendbeilage des Tages-Anzeigers und der Berner Zeitung BZ. Zürich, 15. Juni 1996, S. 59–63.

Stichwortverzeichnis